바람난 치악산

리토피아포에지 · 31
바람난 치악산

인쇄 2014. 10. 25 발행 2014. 10. 31
지은이 정치산 펴낸이 정기옥
펴낸곳 리토피아
출판등록 2006. 6. 15. 제2006-12호
주소 402-814 인천 남구 경인로 77(숭의3동 120-1)
전화 032-883-5356 전송032-891-5356
홈페이지 www.litopia21.com 전자우편 litopia@hanmail.net

ISBN-978-89-6412-046-0 03810

값 8,000원

이 도서의 국립중앙도서관 출판예정도서목록(CIP)은 서지정보유통지원시스템 홈페이지(http://seoji.nl.go.kr)와 국가자료공동목록시스템(http://www.nl.go.kr/kolisnet)에서 이용하실 수 있습니다.(CIP제어번호: CIP2014029382)

정치산 시집

바람난 치악산

리토피아
LITERATURE & UTOPIA

시인의 말

불어오는 바람이었다.
골마다 불어대는 바람이었다.
굳은살 박인 심장이 왈랑 왈랑 두근거리고,
옷자락이 다리를 휘휘 휘감는 감촉이 좋았다.
폭풍을 몰고 금방이라도 쏟아질듯 휘몰아치는,
소나기 쏟아지기 직전의 미친바람이 좋았다.
블랙홀에 빠지고, 토끼 굴에 빠지면서도,
그렇게 불어대는 바람이 좋았다.
그래서 그렇게 바람이 났다.

2014년 가을
정치산

차례

제1부 소리를 먹다

제2부 들꽃요양원·1

제3부 들꽃요양원·2

제4부 천도화

| 제1부 |

소리를 먹다

말랑말랑 휘청휘청

잘못 발화된 혀들이 걸린다. 길게 휘돌아 딱딱해진 말들이 담긴다. 말랑말랑 풀어진 말들이 그에게 간다. 휘청휘청 그가 휘어진다. 휘돌아진 말들이 입술에 닿는다. 말랑말랑 감긴 혀들이 휘청휘청 휘어져 그의 머리를 감싼다. 굳은살이 벗겨진다. 그의 머리에서 퍼져가는 동심원이 흔들린다. 흔들리던 물결이 울렁울렁 사라진다. 말랑말랑 늘어난다. 그의 시간이 길어진다. 길어진 시간이 휘어져 다시 입술에 닿는다. 그는 말린 혀를 풀무질한다. 말랑말랑한 혀들이 길게 휘어진다. 휘어진 혀들이 그의 심장을 흔들고 간다. 그의 심장이 왈랑 왈랑 쫄깃해진다. 살랑살랑 봄바람이 불어온다. 울렁울렁 밤이 흔들리고 그의 시간은 환해진다.

소통을 모르는 그녀는 불통이네

지나간 인연들이 톡톡대네. 하트가 전송되고 날개가 전송되고, 황금화살이 전송되네. 말랑말랑한 초대, 가슴이 왈랑거리네. 새들을 날려버리고 다함께 차차차, 지나간 일들을 훌훌 털어버리고 바퀴를 굴리지. 추억은 추억, 과거는 과거, 다함께 차차차 타이어를 굴리네. 그녀의 첫사랑은 날개달린 화살로 날아와 하트를 관통하고, 타이어로 굴러오지. 헤어진 그의 초대가 시작되네. 그녀의 발렌타인, 심장이 왈랑왈랑, 가슴이 울렁대네. 하루에도 몇 번씩 전송되는 하트와 타이어로 그녀의 매일은 감미롭지. 착각의 늪에 빠지고 울렁증에 시달리지. 무작위로 보내는 그들의 파티에 동참하는 이들이 늘고 있지만 모른다네. 그녀는,

소통을 모른다네. 전송을 기다리는 그들의 초초한 손가락을, 일곱 개의 시간에 맞춰 놓은 타이머를, 추가되는 시간을 만들기 위해 끈질기게 초대하고 하트를 기다리는 그들을, 주고받는 룰을 모르는 그녀의 손가락만 바쁘네. 풍성해진 하트와 날개, 타이어로 커피점을 키우고, 목장을 넓히고, 새를 날리고, 신차를 뽑지. 그녀의 커피점은 매일 성황 중, 그녀의 차차차도 성황 중, 매일매일 풍만해지는 그녀의 답장

을 기다리는 손들은 초초하지. 하트를 구걸하고 날개를 구걸하기 위한 그들의 룰을 그녀는 모르지. 다른 이의 초대로 풍만해진 그녀는 새를 날리고, 신차를 갈아타며 밤을 하얗게 달리지. 그녀의 밤은 하얗고, 그들의 낮은 파리해지네.

해의 장례식

매기매운탕에 수제비 빚어 마시고 불콰하게 돌아오는 길. 창백하게 질린 해는 삶과 죽음의 되돌이표를 빨간 신호등에 걸어 놓고 아주 원시적으로 붉은 구름을 고인돌로 세웠다. 매일 죽고 다시 태어나는 그는 그의 장례로 분주한 주변을 구경하고 있다. 상록수 화원에서는 그의 장례에 보내지는 조화를 주문 받느라 정신이 없다. 그는 모두가 다 아는 유명인사다. 그의 유명세만큼이나 보내주는 조화도 다양하다. 다양하게 써 붙인 문구가 그들의 얼굴을 대신한다. 조화로 눈도장 찍고 부의금으로 이름을 대신하며 바쁜 일상이 쳇바퀴에 걸려 굴러가고 있다. 그는 내일 태어나기 위해 구경하던 동백꽃에 투신한다. 툭, 투두둑. 핏빛 잔상이 낭자한 저녁이다. 제 목을 꺾어 지상에서 만개한 핏빛 꽃숭어리, 동박새 날개를 타고 아침으로 승천하는 중이다. 포르르, 포르르, 승천하는 소리 찬란하다.

남자를 훔치다

훔친다. 아폴론에게서 히야신스를 훔치고, 아프로디테에게서 아도니스를 훔친다. 셀레네에게서 엔디미온을 훔치고, 금잔디*의 꽃남 구준표, 윤지후를 훔친다. 그녀의 이민호와 김현중을 훔친다. 장식한다. 두근두근 원반에 히야신스를, 초록 화병에 아도니스를 장식한다. 침대에 엔디미온을 장식하고, 텔레비전 속에 구준표, 윤지후를 랜덤으로 장식한다. 화장대에 오렌지향 이민호와 김현중을 장식한다. 그녀의 서랍에는 칸칸이 훔친 남자들이 숨 쉬고 있다. 그제는 김주혁, 차승원을 훔쳤고, 어제는 톰크루즈, 디카프리오를 훔쳤다. 그녀의 취미는 남자들을 수집하는 것이다. 매일매일 남자들을 훔치고 서랍에 넣어두거나 장식을 한다. 밤마다 탈출을 시도하는 그녀의 남자들이 서랍을 여닫느라 온 아파트가 쿵쾅거린다. 내일 그녀는 로버트 패틴슨을 훔칠 예정이다. 그녀는 지금 생리 중이다.

* 드라마 『꽃보다 남자』 주인공.

새한서점*

네 번째 진열장 여섯 번째 칸 좌로 세 번째에 꽂힌 책을 꺼내요. 세계지도네요. 이 책에 해왕성 가는 방법도 있나요. 극과 극이 만나 불이 들어오는 것처럼 나 방금 극을 만났어요. 반짝 불이 들어왔어요.*

그녀의 댓글에 그가 꽂힌다. 신문들이 던져지고, 그녀의 시간이 거꾸로 돌아간다. 책과 책장이 돌고 거짓말들이 쫓아온다. 두 개의 시계가 반대 방향으로 돌고 오후 4시 그와 그녀가 만나는 순간이다.

번쩍! 극과 극이 헤어진다. 화들짝 놀란 그의 시간은 흘러가고, 그녀의 시간은 되돌아가는 순간이다. 그와 그녀가 시간의 파도에 부딪친다. 태양과 달이 교차한다.

그가 안드로메다 행성으로 출발하려는 순간, 번쩍! 불이 들어오고 그가 뽑힌다. 복제된 메텔*이 그의 손을 이끈다. 그녀의 손에 이끌린 그가 작아진다. 내일로 기차를 타고 안드로메다 행성으로 출발하려는 순간,

번쩍! 불이 꺼지고 책장과 책장 사이 그가 졸고 있다. 바람이 불어오는 찰나 창틈으로 뜨거운 태양이 비춘다. 순간 구석에 있던 책들이 숨을 쉰다.

* 새한서점 : 인터넷 중고서점.
* 카카오 스토리에 올린 새한서점 사진에 김보숙 시인이 단 댓글.
* 메텔 : 만화 『은하철도 999』에 나오는 여주인공.

위험한 호기심

간다. 그녀가 간다. 알몸의 고다이바* 분홍으로 꽃핀 그녀가 간다. 긴 머리 휘날리며 또각또각 말 달린다. 살포시 고개 숙인 분홍의 몸이 달린다. 백성들의 약속이 눈을 감는다. 고요하다. 눈 감은 집들이 기도한다. 깨어진 창틈으로 오직 하나 톰*의 호기심만이 약속을 깨고 굴러간다. 데구루루, 데구루루, 정신없이 굴러간다. 핑핑, 통통, 통 튀면서 굴러간다. 발갛게 물든 그녀가 긴 머리 휘날리며 말을 달린다. 그녀의 걸음마다 세금이 줄어든다. 노란 햇살이 초록의 미소로 환호하는 거리를 아름다운 그녀가 간다. 훔쳐보던 톰의 호기심이 핑핑, 통통, 통, 정신없이 튀어가다가 몰매를 맞는다. 까무룩 쓰러진다. 깨어난 그의 호기심, 더 이상 앞을 볼 수가 없다.

* 고다이바 : 영국의 전설적인 백작 부인
* 전설 속에 전해 내려오는 고다이바 부인Lady Godiva(1040~1080)의 이야기에서 유래한 피핑 톰Peeping Tom의 일화에 나옴.

사이에서 듣는다

사이에서 듣는다. 바닥과 탁자 사이, 탁자와 탁자 사이, 바닥과 책장 사이, 책장과 책 사이, 책과 책 사이, 시와 시 사이, 울림과 울림 사이에서 듣는다. 첫 번째와 마지막 사이, 두 번째와 세 번째 사이, 하늘과 땅 사이에서 듣는다. 나무와 나무 사이, 단어와 단어 사이, 입술과 입술 사이, 숨과 숨 사이, 사이와 사이의 사이에서 듣는다. 응과 예의 사이, 빛과 어둠 사이, 어둠과 어둠 사이, 사이의 감옥에 갇힌다. 그와 그녀 사이, 숨과 숨결 사이에서 듣는다. 행과 행 사이, 바람과 나무 사이, 바람과 바람 사이에서 듣는다. 하늘과 땅 사이. 바닥과 탁자 사이에서 듣는다. 시와 시 사이, 시인과 독자 사이에서 듣는다. 사이와 사이의 사이에서 사이의 감옥에 갇힌다. 가을이 감긴다. 낙엽이 쌓인다. 눈이 내린다. 거울에 갇힌다.

환절기

잡지 못하는 사이 왔다간다. 덜커덕 기억의 서랍이 삐걱대고 불어오는 바람에 접혀진 마음자락이 펄럭인다. 칸칸이 접혀지고 구겨졌던 기억의 퍼즐들이 하나, 둘, 다시 또 덜컥댄다. 깊숙이 묻어 놓았던 속내, 감춰진 기억이 멈춰진 배경으로 닫히지 않는다. 구린 향이 풍긴다. 구린 옷들이 널브러진다. 기침소리 밤새 뒤척이며 환절기를 앓는다. 강물은 검은 고래의 입김을 풀어 놓는다. 고래의 입김 속으로 달려간 그가 보이지 않는다. 아침, 까마귀 울음이 먼 길을 떠난다.

기억을 기다리는 동안*

목 밑까지 차오는 더운 숨을 방류하며 기다린다. 기다리는 동안 스쳐 가는 것이 낯익었다가 더 낯설어갔다. 희미해져 가는 검은 그림자를 지우며 오지 않는 기억을 기다리는 동안 다가왔다 가는 모든 것들이 추억이었다가 한숨이었다가 다시 또 낯설어졌다. 낯익은 시간과 낯선 시간의 행간에서 굳은살로 덮이는 그의 심장은 점점 사막화 된다. 그는 매일 심장을 사포질 한다. 풀썩 먼지가 올랐다가 가라앉는다. 그의 심장이 빨갛게 부풀어 오른다. 낯설었던 그의 기억이 하나 둘 부풀어 오르다가 가라앉는다. 새벽바람에 덜컥이던 창문이 잠잠하다.

* 황지우 시인의 「너를 기다리는 동안」을 참고 함.

갑자기

어두워. 갑자기 무수한 네가 쏟아져. 쏟아진 너는 어깨를 툭툭 치며 계단을 불러오지. 언제나 제자리걸음인 계단에 어둠이 몰려오네. 어둠이 몰려온 계단은 가도 가도 끝이 보이지 않아. 어둠이 내몰린 네 어깨를 거두어 가지. 어깨를 들썩이는 너를 간신히 눈뜬 물방울들이 떼밀고 가네. 톡톡 흘러내리는 빗속에 네가 있네. 너는 물속에도 있고, 빗속에도 있고, 창 너머에도 있지. 무수한 네가 쏟아지며 톡톡거려. 쏟아지는 너를 떼밀면 톡톡 툭, 네가 튕겨져 나가. 제자리걸음인 계단에서 네가 튕겨나가는 사이, 다시 또 너는 어둠에 잠겨 푸른 물을 삼키지.

포로롱

새 한 마리 포로롱 그의 귓속에 날아드네. 귓속을 파고든 재채기소리가 코끝에 만져지네. 귓속을 파고드는 새소리 귓바퀴에 걸려 세레나데로 굴러다니지. 발끝에 차이는 외로운 양치기는 귓속으로 날아드는데, 금지된 사랑, 로망스는 저 멀리 굴러다니지. 조용필의 '바운스' 에 심장이 바운스, 바운스 뛰는 동안 귓바퀴를 훑고 지나는 발자국이 바람을 불러오지. 발길에 걸리는 바람이 돌부리에 차이네. 돌부리에 걷어차인 바람이 저만치 도망치네. 산책로엔 손톱달이 떠오르고 외로움이 휑하네. 저녁 새 한 마리 포로롱, 포로롱 그의 귓속을 파고들면 심장이 바운스, 바운스 귓바퀴를 간질이네.

소리를 먹다

그의 귓바퀴를 따라 들어온 핑크 플로이드*, 뎅뎅뎅 뎅뎅, 자명종을 삼키고, 재깍재깍 분침을 삼키고, 시침을 삼키고, 시간을 삼켜요. 찌리링 띵, 사르륵 삭삭, 금전등록기를 삼키고 짤랑짤랑 동전을 삼키고 주머니를 부풀려요. 부풀려진 주머니, 방아 찧던 토끼를 삼키고, 방아를 삼키고, 달을 삼키고, 어둠을 삼켜요. 그의 귓바퀴를 따라 들어온 핑크하트, 말랑말랑 달팽이관을 타고 탁탁 톡톡 도마를 먹고, 뽀글뽀글 찌개를 먹고, 후룩후룩 저녁식탁을 먹고, 아홍아홍 애교를 먹고, 홍홍홍 콧소리를 먹어요. 배부른 그의 트림이 아침에 이불로 파놓은 토끼굴로 빠져요. 토끼굴에 빠진 그는 밤을 잊고 소리를 잊고 어둠을 잊고 잠의 잠속으로 빠져들어요. 그는 보이지 않고 부풀려진 주머니에 피식피식 바람이 빠져요. 뎅뎅뎅, 자명종이 던져지고, 재깍재깍 시간이 던져져요. 찌리링 띵, 사르륵 삭삭, 금전등록기가 던져지고 짤랑짤랑 동전이 던져지고 주머니가 작아져요. 톡톡 탁탁 도마가 던져지고, 뽀글뽀글 찌개가 쏟아지고, 아홍아홍 애교가 던져지고, 홍홍홍 콧소리가 쏟아져요. 방아 찧던 토끼, 엉덩방아 찧는 동안 달이 토해지고 어둠이 토해져서 한 밤이 왈랑거려요. 그가 아침에 동구마니 파놓은 토끼굴은 출렁출렁 춤을 추며 달을 흔들고 있네요.

* 1965년 영국에서 결성된 핑크 플로이드는 웅장한 사운드와 초현실적 메시지가 특징인 프레그레시브 록을 대중화하는데 결정적 역할을 한 밴드다. 핑크플로이드라는 이름은 '핑크 앤더슨'과 '플로이드 카운슬'이라는 두 명의 블루스 음악가의 이름에서 따온 것이다. 현대인의 억압된 심리를 강렬한 사운드와 현란하고 실험적인 공연무대를 통해 발산했다. 70년대 프레그레시브 록의 1인자에 등극 했으며 획일적인 교육제도와 전쟁을 비판하고 사회성 짙은 강렬한 메시지로 상당한 반향을 일으켰던 밴드다.

읽히지 않아

책 속으로 들어간 그가 읽혀지지 않아. 그를 읽어 내려는 그녀의 가느다란 손끝이 파리해져. 손끝에 만져지던 그가 더 이상 걸려 나오지 않아. 읽히지가 않아. 그는 더 깊이깊이 책속으로 숨지. 그녀가 휴대폰을 터치하며 그의 행간을 뒤지고 있어. 그는 뒤집히고 있지. 터치하는 그녀의 흰 손가락에 슬며시 그가 다시 뒤집혀. 그래도 그를 읽을 수가 없지. 읽혀지지 않지. 아무리 검색을 해봐도 더 이상 그를 읽을 수가 없어. 검색창을 두드리는 그녀의 손가락이 점점 더 파리해져. 읽히지 않는 그를 뒤적거리다가 읽어낼 기회를 놓친 그녀의 손가락이 따다닥, 따다닥 분주하게 책상에 화풀이를 해. 그녀 주변이 후다닥 고요해지고 있어. 휘청휘청 휘어지고 있어. 휘적휘적 사라지고 있어. 휘어진 그가 스르륵 뒷걸음으로 도망치는 중이야. 더 이상 그녀의 휘어진 손끝에 그가 읽히지 않아. 뒤집히지 않아.

내시수박

바다민달팽이, 크로모도리스 레티쿨라타는 교미를 끝낸 후 음경을 떼어낸다지. 이십사 시간 내에 떼어낸 자리에 다시 새로운 음경이 생겨난다네. 서너 번 정도의 재생을 반복할 수 있다는 바다민달팽이 뉴스를 보고 있는 그녀의 농장에는 내시수박이 넘쳐난다네. 거추장스러운 씨를 없애 버린 편리함에 씨 없이 번성하는 그녀의 농장은 주문도 넘쳐난다네. 하루의 주문을 마친 그녀가 다시 화면을 응시하면 음경을 떼어내고 복원한 바다민달팽이는 새로운 교미를 시작하네. 내시수박 때문에 번성하는 농장으로 풍만해진 그녀가 농장 문을 닫고 자궁을 드러내러 가네.

달빛이 흔들려

문고리가 달랑거릴 때마다 달빛이 흔들리던 밤이지.

달빛이 흔들릴 때마다 물결이 찰랑대고 나비그림자가 일렁거렸네.

찰랑찰랑, 차르르, 차르르

차르르, 차르르 찰랑찰랑.

물소리가 귀에 걸리는 밤이면 하얀 날개들 밤새 문고리에서 팔랑거렸지. 달빛이 환해지는 눈 쌓이는 밤이네. 가슴이 뜨거운 달빛이 만삭의 달을 토해내고 나비그림자를 토해내지. 토해진 그림자 밤새 문고리를 흔들고 있지. 문고리를 흔들던 그림자가 흰 눈에 끌려, 달빛에 홀려, 혼절하는 밤이네. 눈 깜빡할 사이 그림자 삼켜졌다가 뱉어지지. 날개가 뜨거운 그림자가 밤새 문고리를 흔들고 다니는 달의 마을에는 하얀 꿈들이 일렁이고 물소리가 찰랑거리지. 찰랑이는 물소리에 달빛도 삼켜졌다가 뱉어지지. 달의 마을에 사륵사륵 흰 눈이 쌓이네. 흰 눈이 덮이네. 만삭의 달이 기울어가네. 하얀 전설이 쌓이고, 그림자가 삼켜지고, 달이 삼켜지고 있네.

칼이 필요해

그는 마가렛을 좋아해 마가렛만 먹지. 마가렛 때문에 잠을 설치고 밤새 마가렛을 지키고 있지. 두려움을 걸치고 하루 종일 쏟아지는 빗속을 후들거리며 마가렛을 지키지. 푸른빛 번쩍이고, 바람이 불고, 비가 내리고, 꽃잎이 흩날리네.

그와 상관없이 시간이 흐르고 세상도 흘러가. 아무것도 하지 않는 그는 마가렛만 지키고 있지. 그래서 그는 칼이 필요 해. 빗장과 자물쇠로 잠긴 비밀의 성에 마가렛은 있고, 그녀는 둘시네아 공주보다 더 멋지지. 그래서 그는 마가렛을 지켜야해. 마가렛을 찾아와야 해. 두려움을 걸치고 하루 종일 쏟아지는 빗속에서 그가 후들거리고 있네. 푸른 비가 내리고 꽃잎이 흩날려. 칼은 푸른빛을 뿜어내고 그는 풍차 앞에 서서 후들후들 춤추고 있지. 마가렛을 좋아해서 잠을 설치고 마가렛을 지키는 그는 더욱 더 칼이 필요해.

신호대기 중

끈적끈적한 눈들이 살갗을 타고 흐르다가 달라붙기 시작해. 온몸에 새겨진 눈들이 깃털에 박혀 화려한 빛깔로 꼬리에 붙지. 다닥다닥 자리다툼이 시작되고 있어. 여기로 붙었다가 밀려나고 저기로 붙었다가 밀려나곤 해. 댓글이 시작되고, 낙서가 시작되고, 하루가 메모 되지. 일기를 쓰고 있어. 하늘엔 해를 가린 먹구름. 갑자기 쏟아지는 소나기의 빗금, 그 빗금을 묵묵히 견디며 꿋꿋이 즐기는 남자가 신호대기 중이야. 그에게 달라붙는 끈적끈적한 눈들도 신호대기 중이지. 신호대기중인 남자 앞에서 빨간불은 바뀌지 않고 있어. 깃털에 박힌 눈들이 후다닥 그의 뒤에 줄지어 서지. 파란불을 기다리고 있지. 남자 앞 신호등은 여전히 빨간불, 바뀌지 않고 있어. 깃털에 박힌 눈들이 슬그머니 옆줄로 옮겨 타고 있어.

울렁증 시작되다

그는 꽃 때문에 밤새 잠을 설치고 꽃냄새를 마시지. 꽃냄새 때문에 걸음을 멈추고, 꽃냄새에 취해 한참을 서성이기도 했대. 그녀의 집으로 가는 언덕, 꽃상여집 앞을 지날 때마다 가슴이 쫄깃해져서 발걸음이 빨라지곤 했대. 보름달이 뜨면 대추나무 밑에 모여 깡통놀이를 하다가 집으로 돌아가는 밤이면 늘 그랬대. 꽃상여 집을 지나면 정원이 넓은 그녀의 집과 마주치는데, 꽃들이 소곤거리는 소리에 발걸음이 울렁거려 거기서 멈춰지곤 했대. 그랬대. 그의 울렁증이 시작된 것이 그 즈음이었다고 해. 지금은 사라진 증상이지만 가끔 그 꽃밭이 나타날 때나 그 앞을 지날 때면 그 때 그 울렁증이 다시 나타나기도 한 대.

쉿! 그의 아내는 모르지만 오늘 다시 그의 울렁증이 시작되었대.

그들의 만남은 일회용

그는 아메리카노, 담백하지. 그녀는 카푸치노, 거품키스를 유도해. 그는 스마트폰. 그녀 손안에 있지. 그녀는 스포츠카, 날쌔게 그를 훔치지. 그녀는 자몽을 주고, 오렌지를 받지. 카푸치노는 마셨고, 아메리카노는 남았어. 반쯤 열린 혹은 잠겨있는 그들이 마주보고 웃고 있어. 웃음과 웃음 사이 구름이 밀려오고 안개가 스며들지. 구석에 웅크린 구름은 문이 열리기만을 기다리고 있어. 안개는 바람으로 가고 미소로 가지. 드리프트*를 유도하는 스포츠카, 그가 바람으로 안겨 와서 그녀 손안에 잡히지. 활짝 열린 그와 반쯤 잠긴 그녀 사이에 다시 구름이 밀려오고 안개가 스미네. 안개는 열린 그에게로 가고 웅크린 구름은 그녀를 바라봐. 그녀와 그의 시간은 커피 잔만큼 식어가고 있어.

* 드리프트 주행: 코너에서 높은 탈출속도exit speed를 유지하기 위해 운전자가 자동차의 컨트롤을 유지하면서 의도적으로 뒷바퀴를 미끌리게 하여 과조향상태를 유발하여 코너를 통과하는 기술이다.

| 제2부 |

들꽃요양원·1

마술
—들꽃요양원·1

그의 손 안에서 그녀의 눈이 돌아가네. 빙빙빙 삼박자로 돌아가던 그녀의 눈이 깜빡, 감겼다 뜨는 사이 그녀의 눈은 비둘기로 날아오르지. 탁탁, 그의 지팡이가 비둘기를 장미꽃으로 만드는 사이, 그녀의 눈은 캄캄한 상자 속에 갇혀서 삼등분으로 분리되네. 그의 손끝에 찔린 그녀의 눈이 발을 내밀고 손가락을 흔들며 환한 미소를 짓네. 그녀의 눈에는 지금 이 세상이 진짜라고 속삭이듯 환한 눈웃음을 지으며 최면을 건다네. 그녀의 눈이 깜빡 감겼다가 뜨는 사이 그녀는 쇠사슬에 묶여 자물쇠로 잠겨있네. 짧은 시간 동안 화려한 탈출을 시도하지만 쇠사슬이 더욱 옥죄어 오네. 사람들의 환호를 받으며 손을 흔드는 그의 모습이 흐릿하게 보이네. 그녀의 눈이 깜빡, 감겼다가 뜨는 사이 그녀의 눈은 색색의 손수건이 되어 줄줄이 쏟아지고 있네. 다시 그녀의 눈이 깜빡 감겼다가 뜨는 사이, 그의 모자 속에서 꽃가루로 흩뿌려지는 그녀의 눈은 천 개의 별가루가 되어 다닥다닥 이어진 판자촌 위 은하수로 흐르네. 그의 도시는 매혹적이네.

돌싱
—들꽃요양원·2

황금마차를 타고 궁으로 간 그녀, 마녀가 되었다네. 알콩달콩 그녀의 콩 꺼풀은 오래가지 않았네. 궁으로 간 그녀는 전설을 깨고 화려한 돌싱*이 되어 세상으로 왔다네. 궁을 버린 그녀의 이야기는 연일 언론과 뭇시선들을 사로잡고 있지. 수런수런 와아와아 떠들어대던 여론이 잠잠해진 사이 그녀는 화려한 돌싱에서 무대의 여왕으로 등극하네. 그녀의 주변이 꽃남들로 넘쳐난다지. 그녀는 다시 또 스포트라이트를 받지. 유리 구두를 던져버리고 세상에 온 그녀의 활약 덕분에 세상 속으로 화려하게 귀환하는 돌싱들이 늘어난다고 언론과 뭇시선들 다시 수군대고 있네.

* 돌싱: 돌아온 싱글-이혼하고 혼자가 된 사람

그의 길 찾기

—들꽃요양원·3

그의 행성이 그의 지배를 거부하네. 그의 명령과 상관없이 엉뚱한 방향으로 움직이며 그를 절판된 책 속에 가두어 미로를 헤매게 하네. 그의 행성은 하루 종일 빈집에 걸려 있다가 슬그머니 컴퓨터에 앉지. 정신없이 맞고에 빠져 게임머니를 잃기도 하고, 축구게임에 빠지기도 하다가 자동차 경주에 빠져들지. 가로수에 부딪히고 자동차와 충돌해도 무작정 달린다네. 마구 달리는 그의 행성이 컴퓨터 앞에서 멈췄다가 들썩들썩 가라앉네. 옆에 있던 그림자 자동차에 깔려 길게 늘어지네. 팽그르르 돌다가 멈춘 그의 행성이 미로 속에 갇히네. 그의 행성이 갇힌 순간, 흰머리가 부스스 일어서네. 그는 먼지 쌓인 헌책방에서 쿨룩쿨룩 마른기침을 뱉으며 길 찾기에 나서지. 빛바랜 책 속에 절판된 그가 갇혔다가 그녀의 시치미에 걸린다네. 그는 책방을 나와 오거리 교차로를 향해 터덜터덜 걸으며, 방향을 가늠하고 있는 그녀 옆에 서네. 그의 길 찾기, 아직 유효하다네.

휠체어 남자
—들꽃요양원·4

어정어정 널브러진 그의 시간이 쓰레기를 주워 모으지. 종이박스, 신문, 꽁초가 그의 시간에 담기네. 꽁초 하나를 집어 들어 라이터를 켜고 의자에 걸터앉네. 길게 뿜어내는 연기가 구부정하게 퍼져나가다가 은행나무 그림자에 걸리며 더긴 그림자를 만드네. 그 그림자 터덜터덜 느린 걸음으로 휠체어를 밀고 가네. 담장 너머로 꽁초들이 날아가고 휠체어바퀴에 그의 시간이 감기네. 굴러 가던 그의 시간이 덜커덕 멈추어 섰다가는 다시 또 굴러 가네. 덜컥, 잠깐 문틀에 걸려 멈추었던 시간이 자판기로 향해가네. 기계적으로 버튼을 누르고 깊숙이 커피 향을 삼키네. 그의 시간은 다시 또 그림자에 떠밀리어 병동을 향하여 엘리베이터 앞에 서네. 열렸다 닫히는 그의 시간이 휠체어 바퀴에 되돌이표로 걸려 덜거덕덜거덕 돌아가고 있네.

그의 주소는 병동

—들꽃요양원·5

모카 향을 들고 밖으로 나와 흰 연기로 긴 하루를 피워 올린다. 큰 길을 구르는 시간들이 잠시 들렀다가 돌아가는 모습을 지켜본다. 그를 만나러 우편물들이 온다. 전화요금 고지서가 오고, 자동차세 고지서가 오고, 자동차 환경개선 부담금 고지서가 오고, 그의 이름을 달고 많은 우편물들이 병동으로 문안 온다. 그가 있는 병동이 그의 주소다. 그가 요양원에서 병동으로 온 뒤부터 자판기의 고장이 잦다. 등급을 올려 다시 요양원으로 가야 하는 그의 초조함이 고장의 원인이다. 수가 때문에 다른 병원으로 한두 번 옮겼다가 되돌아 와서는 아직 이곳을 떠나지 못하고 있다. 오늘도 자판기가 말썽이다. 요것 봐라, 돈만 좋아해. 꿀꺽했잖아. 참았던 망치들이 자판기를 두드린다. 구시렁구시렁, 다른 병원으로 가고 싶어 원무과에 들락거리지만 아직 그의 주소는 그의 병동이다. 오늘도 전화요금 고지서가 오고, 세금 고지서가 오고, 카드 명세서가 오고, 그의 우편물들이 그의 병동으로 문안을 온다.

그녀의 노래

—들꽃요양원·6

그녀는 매일 같은 노래를 반복하네. 누군가를 기다리며 노래로 곱게 단장을 하지. 밥은 걸러도 화장을 거르지 않는 그녀는 여전히 예쁘네. '당신은 제비처럼 딴딴딴딴 딴따다 따다딴, 당신은 제비처럼 딴딴딴딴 딴따다 따다딴,' 노래를 부르며 누군가를 기다린다네. 하루가 저물도록 기다리지. 기다려도 아무도 오지 않으면 열이 나서 잠을 못 자고, 배가 더 아파진다네. 귓가에 벌레들이 시끄럽게 해 잠을 잘 수가 없고, 소화도 안 된다고 하소연 하지. 주기적으로, 반복되는 증상을 간호사에게 하소연하여 제일 좋은 주사를 맞는다네. 바람이 눈을 찡긋하며 지나가네. 간호사들도 눈을 찡긋하고 지나가네. 그녀는 세상에서 제일 좋은 가짜 주사를 맞고 잠이 들지. 그녀는 이 주사 하나면 모든 병이 씻은 듯 낫는 신기한 몸을 갖고 있네. 오늘도 그녀는 아침을 거르고 구간 반복 노래를 부르고 있지. '당신은 제비처럼 딴딴딴딴 딴따다 따다딴, 당신은 제비처럼 딴딴딴딴 딴따다 따다딴,' 알람으로 울리는 그녀의 노랫소리에 하루가 나비로 날았다가 접히네.

그의 일탈
—들꽃요양원·7

그는 매일 아침 4층 병동을 출발하여 3층, 2층, 1층으로의 여행을 즐긴다. 지하층으로의 여행은 영안실이라는 말을 들은 후 발걸음을 옮기지 않는다. 1층에 도착하면 다시 엘리베이터를 타고 4층 병동으로 향하는 것이 그가 감행하는 매일의 일탈이다. 4층 병동을 출발하여 벚꽃 눈 흩날리던 청풍호에서 아내와 나누었던 첫 키스의 추억이 담긴 3층 병동으로 향한다. 남한강 휘감아 도는 도담삼봉도 그의 코스다. 그녀에게 들려주던 노래 따라 춤추던 음악분수의 아름다운 몸짓을 그는 소변으로 뿜어낸다. 축축한 길을 더듬으며 다시 떠나는 여행 그의 얼굴이 환하다. 울고 넘는 박달재를 넘어 밤꽃 멀미하는 충주시 소태면 야동초등학교를 지나 치악산이 보이는 원주로 돌아오는 그의 얼굴은 탱글탱글 살아난다. 그는 매일 4층 병동을 출발하여 원주시 귀래와 제천시 청풍, 충북 단양과 충주를 지나 원주 치악산 아래로 되돌아오는 여행을 반복한다. 그의 여행이 부쩍 늘은 건 아내를 먼저 보낸 후부터이다.

프로크루테스*의 후예

—들꽃요양원·8

그는 어떤 모양이든 네모로 만들 수 있는 마술사다. 안절부절 정과 네모 틀로 그의 세계를 네모로 만든다. 그는 지구가 네모였던 시대에서 왔다. 그의 세계에는 다른 모양을 가질 수 없다. 아내가 세모로 생각하고 동그라미로 행동하면 평온이 깨진다. 그의 안절부절 정이 고개를 내밀어 세모난 아내의 생각을 쪼아내고, 동그란 아내의 행동을 네모난 틀에 넣어 네모로 성형한다. 딸의 팔각형 생각을 쪼아내고, 아들의 육각형 생각도 쪼아내어 네모로 다듬는다. 그는 네모난 건물로 출근하고 네모난 사무실과 네모난 책상에서 네모난 모니터로 일을 한다. 그는 책상 위의 각 맞춘 반듯반듯한 사각형 서류들의 행렬을 보면 마음이 평온하다. 하루 일과를 마치고 돌아온 그는 세모, 동그라미, 육각, 팔각의 생각들이 들어차 마름모로 기울어진 집을 안절부절 정으로 다시 다듬기 시작한다. 그의 손에 성형되고 다듬어진 갖가지 모양과 생각들이 네모로 줄 맞추어 늘어져 있다. 불안한 그의 세계가 다시 평온하게 흘러간다. 그의 가족들은 네모로 구겨져 숨죽이고 있다.

* 프로크루스테스 : 그는 지나가는 행인을 붙잡아 자신의 침대에 눕힌 뒤 행인의 키가 침대 길이보다 짧으면 몸을 잡아 늘려 죽이고, 키가 침대 길이보다 길면 다리를 잘라 죽였다고 한다. 그도 테세우스에게 자신이 했던 방법대로 침대에 눕혀져 침대보다 키가 길어 다리가 잘려 죽었다고 한다.

벽지를 뜯는 그녀

—들꽃요양원·9

그녀는 손닿는 곳의 벽지를 모조리 뜯어낸다. 그녀가 뜯어낸 벽에는 여러 가지 꽃들이 핀다. 장미꽃이 피고, 별이 뜨고, 고양이가 잠자고, 하트와 가로등이 서 있기도 한다. 가끔 병원이 떠나도록 괴성을 지르기도 하지만, 서른다섯의 그녀는 말을 하지 않는다. 자음 모음을 적은 종이를 들고 다니며, 그것들을 짚는 것이 그녀의 말이다. 한 달에 한 번 가족이 보내주는 좋은 생각이 배달된다. 가족들이 자주 왔다가기도 했으나 발걸음이 뜸해졌다. 뜸한 발걸음을 메우는 가족들의 그리움이 그녀의 통장으로 입금된다. 예쁜 티와 예쁜 모자, 화장품이 간호사의 손에 들려 그녀에게로 온다. 갈수록 그녀의 병실 벽지들은 너덜너덜해지고 뜯겨진 자리마다 검은 별이 뜨고, 검은 장미꽃이 피고, 검은 고양이가 웅크리고, 검은 가로등이 서 있다.

분홍꽃신

—들꽃요양원·10

결혼식이 끝나고 돌아가는 버스 안에서 분홍꽃신이 흥겨운 춤을 춘다. 벚꽃이 하르르 하르르 흩날리고 단풍이 곱게 물드는 철이 되면, 그녀의 시간은 구간반복으로 멈춰 흥겹게 춤을 춘다. 아싸아싸, 돌리고, 돌리고, 들썩들썩, 부비부비 흥겹게 돌아간다. 사이키 조명도 박자에 맞춰 번쩍번쩍, 빙글빙글 돌아간다. '에미 속도 모르는 나쁜 년, 샐쭉샐쭉 좋기도 하겠다.' 흥겹게 소리 지르며 아싸아싸, 춤추는 분홍꽃신 위로 태풍 '말로'가 물 폭탄을 들이붓고 있다. 흥겨운 춤이 빨라질수록 더욱 세게 들이 붓는 빗줄기, 그래도 춤을 멈추지 않는다. 곱사춤, 개그 춤, 온갖 춤을 들이대며 분홍꽃신이 빙글빙글 돌아간다. 딸년들이 떠나면서 신겨놓은 꽃신을 신은 날부터 그녀의 춤은 나날이 발전하고 있다. 신나게 춤추는 그녀 옆에서 하하하, 허허허, 박자를 맞추며 그녀의 남편이 눈물을 훔친다. 버스가 멈추고 모두가 돌아간 후에도 그녀는 그놈의 분홍꽃신 벗지 못하고 해가 뜨나, 달이 뜨나, 바람이 불어도 들썩들썩, 부비부비 빙글빙글 돌아가고 있다. 아싸아싸 소리치며 춤추고 있다.

매일 같이 구르는

—들꽃요양원·11

시지프스의 바위가 굴러간다. 그의 하루도 쿨럭쿨럭 굴러간다. 하루도 거르지 않고 중앙동 사거리를 거쳐 의료원 사거리, 환경청 사거리를 지나 이곳에 와 멈춘다. 안녕하십니까, 잘 부탁드립니다. 매일 같은 인사를 하고, 환경청 사거리를 지나 의료원 사거리를 거쳐 중앙동 사거리로 되돌아 구르기를 반복한다. 4년마다 붉은 물결이 지나고, 4년마다 파랑, 초록, 노랑의 물결들이 한바탕 휩쓸고 간 자리에 서성이다가 휩쓸려 죽을 고비를 넘긴 적도 있다. 아직 구를 수 있는 힘이 남아 있는 그는 그때의 황홀한 물결에 취해 매일 같은 코스를 구르며 꿈을 꾸고 있다. 그의 마라톤에 아무도 관심이 없지만 개의치 않는다. 그제도, 어제도, 오늘도, 중앙동 사거리를 거쳐 의료원 사거리, 환경청 사거리를 지나 다시 이곳에 와 멈춘다. 변함없이 고개를 숙이고 손을 내밀며 잘 부탁드립니다. 반복하며 마라톤 코스를 구른다. 또 다시 붉은 물결이 지나가고, 내일은 파랑, 초록, 주황의 물결들이 한바탕 난장을 부릴 거라는 예보다. 그는 때를 기다리며 오늘도 여전히 변함없는 코스를 구르고 있다. 안녕하십니까, 잘 부탁드립니다. 허리를 굽혀 인사를 하고, 다시 또

환경청 사거리, 의료원 사거리를 지나 중앙동 사거리로 되돌아 그가 굴러가고 있다. 구르고 구르는 그의 하루, 결승선이 바로 코앞이다.

그의 아우라

—들꽃요양원·12

순서를 기다리며 그가 선글라스를 벗어든다. 마른 몸매에 최신유행 옷차림인 그는 저 잘난 맛에 산다. 자칭 연예인이라고 말하는 그를 다른 사람들은 욕쟁이라고 부른다. 남들이 뭐라 하던 그는 몸단장에 바쁘다. 희미한 기억이지만 그녀는 분명 어디에선가 그를 본적이 있다. 남들에게는 없는 그의 독특한 그 아우라를, 그게 어디였을까. 깜빡깜빡 기억을 뒤적이는 동안 그는 여전히 멋진 단발을 쓸어 넘기며 옷매무새를 바로잡는다. 그녀의 기억 속으로 그가 들어선다. 눈발이 정신없이 내리치는 버스정류장에서 페인트통을 걷어차고, 시너 냄새를 피우며, 혼신의 힘을 다해 세상 모든 여자들에게 욕이란 욕은 거의 다 쏟아냈던 그의 연기. 그 강한 아우라를 되새기며 그녀의 심장이 쿵쿵쿵 펌프질하는 소리를 그는 듣고 있다.

춤추는 남자
—들꽃요양원·13

그는 회오리춤을 춘다. 춤바람을 일으킨다. 네 다리로 흐르는 시간을 견뎌내기 어려울 때마다 그는 회오리춤을 춘다. 그러는 그의 병명을 의사들도 모른다. 그저 독특한 희귀병이라고 생각한다. 3개월에 한 번 또다시 춤바람이 인다. 춤바람이 일 때마다 그의 주변에는 모가지 없는 꼭두각시가 늘어난다. 그의 성에 사는 사람들은 그가 일으키는 회오리 춤바람에 출렁출렁 모가지가 길어진다. 숨을 쉬려고 그의 춤바람에 장단을 맞춰 함께 춤을 춘다. 그의 귀는 이상한 날개센서가 달려있어서 독특한 소리만 감지한다. 독특한 소리가 큰 소리로 속삭이면 가만히 있다가도 팔랑팔랑 그의 귀가 회오리를 일으켜 성 안을 춤추게 한다. 그가 서있는 방도 출렁출렁 회오리춤을 추다가 겨우 멈추어 선다. 예민한 센서 때문에 그의 희귀병 치료는 진전이 없다. 3개월에 한 번씩 목 없는 꼭두각시들이 청진기를 걸고 그의 주변을 떠돌다가 사라진다. 아무도 고쳐주지 못한다. 멈춰지지 않는 춤, 그는 오늘도 두 개의 머리를 안고 고민 중이다.

다 자란 아이

—들꽃요양원·14

놀아 줘이, 놀아 줘이, 나랑 놀아 줘이.
두 손을 강아지처럼 모으고 쪼르르
놀아 줘이, 놀아 줘이, 나랑 놀아 줘이.
보호사를 따라온 조리사 뒤를 쫄랑쫄랑
놀아 줘이, 놀아 줘이, 나랑 놀아 줘이.
빨래를 개는 보호사 옆에 앉아서는
놀아 줘이, 놀아 줘이, 나랑 놀아 줘이.
과일 한 조각 받아먹고 쪼로롱
놀아 줘이, 놀아 줘이, 나랑 놀아 줘이.
엘리베이터를 나서는 손을 잡아끌며
놀아 줘이, 놀아 줘이, 나랑 놀아 줘이.
사람만 눈에 띄면 달려가 귀여운 미소로
놀아 줘이, 놀아 줘이, 나랑 놀아 줘이.

내일 아침이면 칠십 둘의, 다 자란 아이.

꿈의 꿈속에 빠진

—들꽃요양원·15

그는 매일 아침 휠체어 앉아 꾸벅꾸벅 흔들리며 여행을 떠난다. 아침부터 저녁까지 식사시간을 제외하고는 꾸벅꾸벅, 흔들흔들 꿈속의 꿈으로 빨려간다. 그는 무의식 속에 날 수 있다는 새로운 꿈을 심으며 무단히 들어갔다 나오기를 반복한다. 깊은 바닥까지 내려가 꿈을 심는 그의 작전은 늘 성공하지 못한다. 그는 온몸이 휠체어에 꽁꽁 묶여 움직일 수 없는 자신의 트라우마*를 깨뜨리지 못한다. 매일 그의 무의식이 새로운 꿈을 심기 위해 아침햇살을 받으며 투입되지만 그는 성공하기 직전에 실패하여 다시 돌아오기를 반복하는 중이다. 그를 깨우려면 '식사시간'이라는 노래를 너덧 번은 외쳐야 한다. 점심까지는 아직 한참이다. 그는 꿈속의 꿈으로 빨려가고 그의 토템*은 계속 돌아가고 있다. 오늘도 그를 불러오기 위한 '식사시간' 노래가 반복되고 있다. 그는 그의 꿈에 빠져 아직도 돌아오지 못하고 있다.

* 토템:영화 『인셉션』에서 현실과 꿈을 확인하기 위해 자신만이 가지고 확인하는 물건.

* 트라우마:생명을 위협하는 신체적·정신적 충격을 경험한 후 나타나는 정신적 현상.

그녀들의 대화

—들꽃요양원·16

어제만 줬어도 떠날 수도 있었을 긴데. 너무 늦었단 말이지. 아무래도 여러모로 늦는가벼. 늦었지, 늦었어. 늦었구말구. 그러니까 똥쌍피 빨리 먹으라고 했잖여. 고렇게 쌀 줄 알았당께. 넘 먹어 재끼더라니. 그러게 말이여. 넘 오래 잡고 있더라니. 그렇지, 그러니까 뺏기지. 뺏기긴 누가 뺏겨. 그 년이 요사를 떤 게지. 내두 그래 요사 떨었음 이 처진 안됐구만. 그 몹쓸 놈의 인간. 이제 와서 뭐 하겠노. 뭐 하긴 뭐 하노. 끝까지 가봐야 알제. 우찌 그걸 지금 알겠노. 니나 내나 다 같은 처지 아이가. 얼른 받아 챙겨야지. 그거 받아 뭐에 쓰노. 뭐에 쓰긴 남은 자식들이라도 건사해야지. 그걸 이제사 주면 어따 써 먹노. 일찍 좀 주지. 와 멍청하게 패를 내노. 나까지 망하고로. 이제 와서 어쩌라고.

날개옷이 넘쳐나는 병동 옆, 재봉틀 돌아가는 소리가 요란하다. 궁금해서 엿보던 참새들이 화들짝 놀라 달아난다.

아내를 찾는 남자

—들꽃요양원·17

그의 조부는 선녀의 날개옷을 훔친 나무꾼이었다. 조부는 아내가 밖으로 외출할 때마다 심장이 쫄깃해졌다. 두 아이가 생긴 후에는 이젠 되었겠지 생각하여 날개옷을 주었다가 두 아이와 선녀를 떠나보내야만 했다.

그는 조부를 닮았다. 그도 날개옷을 입자마자 날아가 버린 아내를 찾아다니고 있다. 두레박 타고 아내에게 가려다가 실패한 후에도 아내의 흔적을 찾아 사방을 떠돈다. 아내의 친정, 아내의 친구, 아내의 직장, 무수히 헤매며 아내를 찾는다.

다행히 찾아낸 아내의 연락처가 바뀐 줄도 모르고 수 십 통의 전화를 걸고 수백 건의 문자를 날린다. 스팸 처리 되거나 수신거부 되어도 인정하지 않는다. 집념의 사나이다. 아내가 돌아오리라는 꿈을 버리지 않는다. 조부의 실수를 절대로 되풀이하지 않겠다고 오늘도 아내의 친구를 방문 한다.

결국 그는 아내가 떠난 하늘까지 찾아다니는 집념의 스토커가 되었다.

한 가지 기억에만 빠진
—들꽃요양원·18

그녀의 귀는 접혀 있지. 듣는 귀가 없다네. 접혀있는 귓바퀴를 따라 들어온 말들이 달팽이관을 타고 흐르네. 스멀스멀 기어 다니다가 누수가 되어 귓속으로 발화되지 못하지. 입력된 그녀의 기억이 융통성을 꼬집으며 옆 사람을 후려치네. 병동이 떠나가도록 울음을 터뜨리고 사람들을 할퀴네. 그녀의 머릿속엔 오로지 그 뿐이라네. 누구도 알아보지 못하지만 그만은 기억 한다네. 그가 떠나려 하자 병동이 떠나가도록 앙탈을 부리네. 1층으로 내려와선 그의 뒷모습에 대고 고래고래 소리치네. 가는 그의 발걸음이 멈칫 섰다가 다시 가버리면 그녀의 울음소리가 바닥을 굴러다니지. 담장을 타고 구르다가 담장 너머로 튀어 나가네. 그렁그렁한 눈으로 원내를 한바탕 휘젓고 돌아다니지. 그녀의 기억이 하얗게 바래지면 한참동안 그녀가 평온해질 시간이네. 숨죽이던 병동도 잠시 숨을 쉬네.

율무차에 빠진

—들꽃요양원·19

그녀의 일과는 자판기에서 율무차를 뽑는 것으로 시작된다. 율무차 주세요, 율무차, 율무차주세요. 율무차아,

율무차를 뽑아주는 사람에겐 언니 이뻐, 젤루 이뻐.

오빠 멋져. 젤루 멋져. 칭찬을 남발한다. 점심을 먹고 내려와선 율무차 주세요. 율무차, 율무차 주세용. 졸라대며 다시 또 율무차를 얻어 마신다. 오빠 멋져, 정말 멋져. 언니 이뻐. 젤루 이뻐.

멋져와 이뻐를 외치는 그녀는 매일 율무차를 마시고 사람들은 매일 멋지고 이뻐진다. 신나는 음악소리가 들리면 엉덩이를 씰룩인다. 두 팔을 휘적휘적 내저으며 어기적어기적 엉덩이를 씰룩거리며 앗싸, 앗싸, 춤을 춘다. 원내 축제에도 빠지지 않고 나와 엇박자로 노래를 부른다. 연신 엉덩이를 씰룩이는 그녀는 분위기 메이커다. 지칠 줄 모르는 열여덟 그녀 뒤에는 따뜻한 미소들이 따라다닌다.

수가 때문에 다른 병원으로 떠나던 날, 그녀의 어깨 뒤로 닫히던 문소리가 삐거덕대며 텅, 텅, 텅, 소리를 낸다.

지하철 할미넴

—들꽃요양원·20

에미넴을 닮은 할미넴의 공연이 시작된다. 욕랩이 쏟아진다. 쏟아진 욕들이 빙글빙글 춤을 춘다.

니미 씨부럴, 배라 처먹을 것들, 요런 벼락 맞다 죽을 것들, 왼갖 지랄 다 하네. 벌집을 콱 쑤셔가지고 눈탱이고, 대갈박이고 죄다 쪼사 버릴 것들, 뭐하는 것들인지 똑바로 사러. 아주 안하무인이야. 남의 얼굴 치다보고 치떴다 내리떴다 용천지랄을 하고 개지랄 하고 자빠졌네. 이 잡것들아. 니가 빨갱이여, 판사여, 검사여, 예엠병, 빨갱이들만 저 지랄이여. 어디서 나대. 꼴값한답시고 찢어진 아가리 함부로 놀리고 씨부리고 자빠졌네. 환장했어. 엇다 대고 주둥아리를 함부로 놀리고 지랄발광이야. 꼬락서니 하고는 멀 잘혔다고 고렇게 꼴아봐? 참말로 깨고랑창에 대가리를 콱 파 묻어버릴 놈들,

욕쟁이 할미넴의 욕랩 공연이 2호선 지하철을 따라 돌고, 돌고 돌아가고 있다.

죽었다가 다시 사는
—들꽃요양원·21

그의 고향은 두 개의 태양이 아침을 열고 저녁을 닫지. 에너지의 흐름이 바뀌고 기후가 극심한 변화를 겪는다네. 일 년에 사계절이 몇 번씩 오가는 그의 행성엔 하루 종일 검은 바람이 일고 룰렛이 바삐 돌아가네. 바쁘게 움직이는 손을 따라 눈동자들도 한쪽으로 쏠리네. 긴 속눈썹은 쏠린 눈동자를 가리지. 그는 죽었다가 깨어나네. 그의 친구들도 죽었다가 깨어나네. 때때로 그들은 죽었다가 깨어난다네. 연애에 빠지고 술독에 빠져서 죽었다가 깨어났다네. 깨어난 그들의 표정을 읽을 수가 없네. 검은 선글라스 속 그는 며칠째 룰렛을 떠나지 못하네. 구부러진 등에 저장된 일용할 양식으로 하루를 견딘다네. 그의 눈동자가 룰렛을 따라 빙글빙글 돌고 있네. 룰렛에 묶여있는 그의 하루가 시간의 연자매를 돌리네. 그는 다시 죽었다가 깨어나네. 그의 친구들도 죽었다가 깨어난다네.

옥수수잎, 그 여자
—들꽃요양원·22

하루에도 몇 번씩 씻고 또 씻고, 빨고 또 빠는 그녀의 취미가 다시 시작된다. 퇴근 후 가장 많은 노력을 기울이는 그녀의 취미다. 그녀의 취미는 샤워와 빨래, 13평 기숙사가 그녀 때문에 매일 출렁출렁 잠긴다. 주변의 째진 가재미눈이나 불평불만 가시는 무시해 버린다. 그녀는 30평 옆집 수도요금의 몇 배를 내고도 줄이지 못한다. 한 번 걸쳤던 블라우스도, 한 번 걸쳤던 바지도, 작업복도, 속옷도 바로바로 세탁기로 직행한다. 몇 톤의 물을 퍼 올리며 다시 또 씻기를 반복한다. 언제 끝날지 모르는 그녀의 취미생활은 주변의 불평불만이 그녀를 에워싸야만 끝이 난다. 유년의 옥수수 밭에서 옥수수 잎이 부스스 그녀를 훑고 간 후부터 시작된 취미이다. 옥수수 잎이 새겨 놓은 껄끄러운 문신을 지우고 지우면서 습관이 된 그녀의 취미는 13평 기숙사를 바다로 만들어 출렁출렁 춤추게 한다.

| 제3부 |

들꽃요양원·2

요지경 지구촌

—들꽃요양원·23

임신도 하지 않았던 그녀가 갑자기 산통을 느끼며 출산했대. 머리가 일곱 달린 뱀이었다나. 뱀은 유유히 사라지고 그녀의 출산은 그녀의 입을 통해서만 전해졌을 뿐 아무도 본 적은 없대. 그녀는 악마숭배자야. 악마숭배를 그만둔 후 심각한 후유증에 시달리고 있지. 매일 피를 토하고 벌레를 토해내. 물고기를 토하고, 염소머리를 토하고, 검은 고양이를 토한대. 바포멧*을 토하고, 펜타그램*을 토한대. 토사물에 벌레와 물고기가 꿈틀댄다나. 염소머리와 고양이가 살아서 꿈틀댄다고 울먹이지. 악마들이 매일 밤 그녀를 공격해와서 잠을 잘 수가 없대. 그녀는 매일 아침 간밤의 고통을 하소연하고 있지.

* 바포멧 : 염소머리, 사탄의 뿔.
* 펜타그램 : 펜타그램Pentagram은 오각형의 별모양의 형태로서 본래 성스러움을 상징하나 사타니즘에서는 역 펜타그램 이라 하여 별을 뒤집어 사악함을 상징하는 의미가 되기도 한다.

가방을 모으기에 빠진

—들꽃요양원·24

시장 골목골목 파랑이 널브러져 있다. 노랑이 찢어진 채 버려져 있다. 바람이 분다. 바람이 불어온다. 팔랑팔랑 널브러진 일상이 여기저기 쏘다니며 쇼핑을 한다. 찢긴 노랑도 팔랑팔랑 따라간다. 쇼윈도에 진열된 분홍의 초점 없는 눈빛이 활짝 웃는다. 이월된 검정과 하양이 진열된 싸구려 난전에 수북하다. 바람이 불어온다. 기대감으로 쌓여있는 옷과 가방이 벙긋해진다. 바람이 분다. 이리저리 채이며 굴러온 파랑의 낡은 일상이 그녀의 가방에 담긴다. 일생을 난전에서 살다온 그녀의 옷장에 수십 개의 가방이 줄 맞추어 있다. 그녀는 가벼운 저녁 외출을 준비한다. 붉은 눈동자는 서녘 하늘에 걸린다.

대박을 꿈꾸는 남자

—들꽃요양원·25

그의 고향은 아슴아슴 안개에 숨겨진 물 위의 도시다. 반짝 나타났다가 사라지는 무지개 도시, 안개에 싸인 숲과 높은 빌딩이 빼곡하다고 눈만 뜨면 이야기한다. 물살을 가르며 빌딩 숲을 달리던 시절을 그리워한다. 고향을 찾기 위해 신기루가 나타는 곳이면 어디든 달려간다. 고향이 언제 나타날지 모르기에 강변을 맴돈다. 용트림하는 물기둥으로 엄청난 돈을 벌었다는 친구에게 전 재산을 맡기고 물기둥 한 방 크게 솟구치기를 기도한다. 대박을 꿈꾼다. 강물 위로 물기둥이 용트림 하는 날 그 물기둥 타고 고향으로 간단다. 물기둥 한방이면 언제든 돌아갈 수 있단다.

중국의 어느 강에서 거대한 물기둥이 솟구치는 신비한 현상이 일어났다. 뉴스가 전파를 타던 날 그는 사라졌다. 그가 떠난 후 강물 위로 안개에 싸인 유령도시가 한참 동안 나타났다가 사라졌다는 뉴스가 다시 전파를 탄다.

행성 사람들

—들꽃요양원·26, 깜빡 잠드는 여자, 요정으로 돈 버는 남자

그녀의 행성은 케플러-22b이다. 지구로부터 600광년 떨어져 있고 지구의 2배이며 공전주기는 290일, 평균 온도는 섭씨 22도이다. 그녀는 한 번 깊은 잠에 빠지면 좀처럼 깨어나기 힘들다. 일 년에 두세 차례씩 며칠 혹은 몇 주간 반복적으로 깊은 잠에 빠지는 질환으로 잠에 빠지기 전에 폭식을 하거나 우울증, 기억 장애 등을 호소한다. 한 번 잠들면 2달 동안 잠에서 깨어나지 못하고 대략 칠 개월에 한 번씩 평균 두 달간의 긴 잠에 빠진다.

그의 행성은 케플러-16b이다. 지구로부터 200광년 떨어져 있고 케플러-16b의 반지름은 지구의 약 8배이며 1년은 229일, 평균 온도는 영하 70도이다. 그의 행성은 두 개의 별을 동시에 공전한다. 그의 별에는 그가 사로잡은 요정이 산다. 그의 행성은 3천 명이 넘는 방문객이 다녀가는 화제의 별로 떠오르고 있다. 그는 요정의 방을 유리잔에 꾸며 놓고 사람들을 초대한다. 그의 초대로 몰려온 사람들은 세 시간 이상 줄을 서고 기다려야만 겨우 요정을 볼 수 있을 정도로 성황이다.

행성에서 온 여자

—들꽃요양원·27

그녀는 천 년 전에 지구에 왔다. 이십대의 모습으로 천 년을 살고 있다. 얼음공주로 불리던 시절 그녀의 고향은 다이아몬드 행성, 별과 달의 발바닥만 보이는 지구에서 시간의 통로를 만들고 깊은 동굴에 산다. 비밀번호로 잠겨있다. 그녀의 얼굴을 본 사람들은 숨을 쉴 수가 없다. 차도르로 얼굴을 감춘 그녀에겐 영원의 침대가 있다. 푸른 불기둥이 있다. 갇혀 있던 기억이 외출을 준비한다. 천 년 동안 한 번도 시도하지 않았던 일이다. 안개 속에 숨어 있던 동굴에 빛이 스며들기 시작한다. 그녀는 바람을 부풀리고 있다. 바람으로 알을 만들고 부화를 준비하고 있다. 빛에 둘러싸인 그녀의 알이 부화를 시작한다. 그녀의 행성은 울타리가 정비되지 않았고 장미가시에 나팔꽃이 달리고, 호박꽃이 달리고, 메밀꽃이 달린다. 연결된 시간의 통로로 바다가 들린다. 출렁출렁 춤추던 꿈이 흘러나온다. 그녀는 지금 다시 처음을 만들어 가는 중이다.

고소대마왕

—들꽃요양원·28

그는 화성에서 온 고소의 달인이다. 그의 행성에서 제일 잘나가던 사람이다. 그는 말 한마디를 잘못해서 망가지고 망가진 후 더 유명해졌다. 그는 그의 행성에서 쫓겨난 후, 그의 레이더망에 걸리는 족족 고소를 하는 고소의 달인이 되었다.

쭉쭉쭉, 줄기 뻗은 등나무는 일조권 침해다. 담 밑으로 뻗어온 소나무 뿌리는 무단 점유다. 담쟁이는 주거 침입이다. 고양이는 고성방가다. 강아지는 노상방뇨다. 경찰, 검사, 판사를 직무유기로 고소하고, 개그를 다큐로 이해해서 개그맨을 고소하고, 서 있는 풍차도 돌지 않는다고 고소한다.

간호사를 성희롱한 후 강제퇴원 당하자, 정신적 피해보상을 요구하며 고소했다. 그는 유명 사립대 법학 석사학위 소지자다. 그는 수백 건의 고소장을 접수시켜 놓고 그의 조울증마저 고소 중이다. 잘나가던 시절로 다시 돌아가기 위해 좌충우돌 새로운 방식으로 자신을 만들어가고 있다.

튕겨져 나간 남자

—들꽃요양원·29

화두를 던져 놓고 금 밖으로 사라진 그를 기다려요. 부스스한 회색그림자 있지만 없다고 밀쳐내요. 신발이 튕겨진 금 밖으로 사라져요. 튕겨진 신발의 안부가 궁금해. 수런거리는 바다 위로 바람이 스쳐가요. 정수리에 한 개의 눈을 더 갖고 있는 그는 조심조심 하늘의 옷자락을 들춰보고 있는 새를 낚아요. 금 밖으로 사라진 그가 겨울 산수화 속으로 아슴아슴 사라져요. 그의 뒷모습을 따라 가던 눈동자에 안개가 스며요. 놓쳐버린 그의 안부가 궁금해 작살나무는 보랏빛 열매를 바다에 던지고 화살나무는 붉은 열매를 하늘로 날려요. 천국으로 간 그는 옆구리 터진 누드김밥과 씨름중이예요. 김밥과 씨름중인 그 때문에 튕겨진 그의 신들이 갑자기 더 바빠져요.

실어증에 걸린 남자
—들꽃요양원·30

그가 쓰러져 말을 잃었다. 아에이오우, 아에이오우. 통증이 올 때마다, 아에이오우, 아에이오우. 그가 할 수 있는 말은 오직, 아에이오우, 아에이오우다. 달아난 친구를 기다린다. 사라진 돈을 기다린다. 그가 나타나면 할 말이 있다. 돈이 돌아오면 살 것도 같다. 하늘이 무너질 때마다, 아에이오우, 아에이오우. 땅이 꺼질 때마다, 아에이오우, 아에이오우. 한숨을 쉴 때도, 아에이오우, 아에이오우. 말을 못해도 아에이오우, 아에이오우 사람들 다 알아듣는다.

꽃을 꽂는 여자, 꽃을 훔치는 남자

—들꽃요양원·31

그녀의 엄지와 검지에서 프리지아가 피고, 히아신스가 핀다. 시클라멘이 피고, 안개가 피고 스타치스가 핀다. 그는 노란 향기를 훔쳐 가슴에 숨기고, 슬픔과 추억과 빨간 비밀을 훔친다. 붉은 안개에 스미어 파란별을 훔친다. 그의 하루는 프리지아였다가 히아신스와 시클라멘이었다가 안개와 별의 하루가 된다. 그녀의 하루는 비비드*하다. 노란 프리지아를 꽂고 빨간 히아신스를 꽂는다. 보라빛 시클라멘과 파란 스타치스를 꽂는다. 노란 향기와 빨간 비밀을 품고 슬픔과 추억을 품은 그는 안개 속에 파랗게 흔들리는 그녀를 훔친다. 그의 하루도 비비드 하다. 두 번째와 세 번째 탁자에다 매일 꽃을 꽂는 여자와 501호로 매일 꽃을 훔쳐 나르는, 그와 그녀의 숨바꼭질은 오래되지 않았다. 그녀는 얼마 전 이곳에 왔고, 그는 오래 전에 이곳에 왔다. 그의 손바닥에 노란 향이 스미고 빨간 비밀이 드러난다. 하얀 숨결이 스친다. 푸르게 빛나던 그녀가 잡힌다. 하루하루 꽃을 훔치는 그의 심장엔 정전기가 일고 가슴이 뛴다. 중독된 그는 꽃을 훔치는 것을 멈출 수가 없다.

* 비비드 : 선명한, 밝은, 빛나는, 눈부신, 휘황한.

바느질 하는 여자
—들꽃요양원·32

실이 없는 바늘로 바느질을 하는 그녀는 바오밥 나무를 사랑하네. 그녀의 행성엔 뜬금없이 바람이 불고 시간도 생각에 잠기지. 생각에 잠긴 세상은 심각한 얼굴로 그녀를 지나치네. 그녀가 보는 얼굴은 합격이지. 늘 불합격 선에 머무는 그녀는 바람을 꿰매고 있네. 바람은 구석에서 파랗게 웃어젖히지. 실이 없이도 바느질 하는 그녀는 붉은 토끼와 검은 여우를 기르네. 그녀의 목록에는 바느질할 많은 이름이 있지. 바오밥 나무의 뚱뚱한 배를 쓰다듬으며 미소 짓는 그녀의 머리 위로 두 개의 달이 슬며시 숨고 있네. 달 속에서는 하얀 토끼가 오들오들 떨며 밤이 무사히 지나가기를 기도하지. 바람은 실없이 웃어젖히며 파랗게 넘어가고 있네. 두 개의 달이 뜨는 밤이면 그녀는 실이 없는 바늘로 바느질을 한다네.

詩, 블랙홀을 더듬다

—들꽃요양원·33

삼각형의 심통이 껄렁껄렁 시비를 건다. 그는 오늘 뾰족하다. 뾰족한 그에게 틈이 보인다. 열린 틈으로 심통이 새어 나오고 바람의 손이 그를 훑고 간다. 조금 열려있기도 하고 활짝 열려 있기도 한 마음이 심통을 도발한다. 거울에 있는 얼굴이 붉다. 엘리베이터는 고장이다. 식은 바람이 분다. 계단이 층층이 펼쳐진다. 거울에 있는 얼굴이 파리해진다.

가는 길은 가도 가도 토끼 굴, 가도 가도 블랙홀이다. 발끈한 마음에 뛰어 보지만 늘 저만치 앞서 있다. 바삐 길을 재촉하면 까칠하게 째깍대던 시간이 블랙홀로 뛰어간다. 간신히 붙잡고 서면 토끼 굴에 빠진다. 길은 찾을 수가 없고 시간은 째깍째깍 걸음을 재촉한다. 느슨한 발걸음을 지켜보는 검은 시간이, 꼬리를 세우고 돌아서서 블랙홀에 뛰어든다. 검은 홀이 뒤집힌다. 붉은 토끼가 뛰어나오고, 흰 고양이가 튀어 오른다. 삼각형이 점점 늘어난다. 늘어난 심통이 다이아몬드로 반짝인다. 뾰족한 그가 둥글게 말리고 보름달이 뜬다.

속삭이는 돌

—들꽃요양원·34

그와 그녀는 두 개의 입술을 가지고 있네. 그들은 하늘과 땅이 서로 대화할 수 있는 돌을 날리네. 그들은 바다와 행성이 서로 통하기를 바라지. 그는 땅에 입술을 두고 그녀는 하늘에 입술을 두네. 속삭이는 돌이 빛나기 시작하면 그와 그녀의 대화가 하늘과 땅에서 바다와 행성에서 통화를 시도하지. 주변의 귀들이 늘어나고 그들의 대화는 왼쪽으로 기우네. 그대에게 전하는 비밀의 메시지, 늘어난 귀들이 가로막네. 그와 그녀의 입술이 가까워지고 속삭이는 돌이 다시 빛나기 시작하네. 그들이 속살거리는 비밀의 말들이 우르르 날아가 늘어난 귀들을 후리고 가지. 바다가 행성과의 통화를 시도하네. 아직 알려지지 않은 비밀들이 그와 그녀의 동굴 속으로 우르르 쏟아지네. 그들은 세 개의 구멍과 세 개의 굴을 가지고 있지. 속삭이는 돌들이 두 개의 구멍 속으로 숨어버리네. 비밀스런 입술이, 숨어있는 돌들을 더듬거리네. 늘어난 귀들은 비밀의 입술을 더듬고, 숨겨진 입술을 더듬네. 그대에게 전하는 비밀의 메시지는 텅 비었고 늘어난 귀들만 아우성이지. 바다와 행성의 통화는 아직 연결되지 않았고 귀들은 점점 커져 커다란 그물로 늘어나고 있지.

왼쪽으로 기울던 그와 그녀의 대화가 걸려들기 시작하네. 하늘엔 온통 그들의 메시지가 가득하지만 아무도 해독하지 못하네. 바다와 행성은 아직도 불통이네.

혀를 자르는 남, 여

—들꽃요양원·35

종달새 노래하다 울 때, 그녀는 그의 혀를 자른다. 뻐꾸기 울 때 그도 그녀의 혀를 자른다. 혀를 무는 꽃, 자진하는 꽃, 추락하는 꽃, 옷을 벗는 꽃, 혀가 혀를 물고, 꽃이 꽃을 물고 거침없이 뛰어내린다. 아슬아슬한 한숨이 공중회전을 한다. 바람이 화들짝 드러눕는다. 누운 자리에 혀를 문 꽃이, 뛰어내린 꽃이, 추락한 꽃이, 옷 벗은 꽃이, 살랑대던 봄이, 바람을 끌어 덮고 그의 곁에 눕는다. 잠에서 덜 깬 개나리가 그의 옆에 눕는다. 꽃무더기 혀를 자른다. 노랑, 연두, 연분홍이 다투어 카드섹션을 펼친다. 까무룩 봄이 혼절한다. 여러 가지 문제 연구소 간판이 어른거리다가 사라진다.

추억을 길어 올리는 여자
—들꽃요양원·36

골과 골 사이에서 불그스레 달아오른 바람이 불어오는데 그가 열아홉 순정을 불러낸다. 개나리 우물가에서 사랑 찾던 연분홍 치마, 가만 가만히 선다. 어질어질 봄바람에 취한 등나무 화들짝 보랏빛 등꽃을 밝힌다. 스치는 바람에 보랏빛 웃음이 살랑살랑 흔들린다.

종달새 울음 울어 우르르 등꽃이 진다. 골과 골 사이 그 틈바구니에 바람이 멈춘다. 열아홉 순정을 불러내던 그의 노래도 멈춘다. 연분홍 치마 틈도 없이 돌아선다. 개나리 우물가에 석양이 진다. 화들짝 하얀 찔레꽃 흐드러진다.

전직 복싱선수
—들꽃요양원·37

안녕하셨습니까, 안녕하시지요. 그가 인사한다. 안녕하십니까, 안녕하시지요. 그의 인사를 받는다. 마당으로 산책 나온 그가 화창하다. 방금 전까지 그는 마구 소리 지르고 발길질 했다. 한바탕 전쟁에 피난 갔던 사람들도 다시 돌아온다.

매번 그는 이동식 침대에 혼자 드러누워 중얼거리다가, 자식들을 향한 욕으로 번지다보면 급기야 발작을 일으킨다. 그는 전직 복싱선수다. 기본기가 아직도 탄탄하다. 그가 번갈아 잽을 날리며 병원을 점령한다.

안녕하셨습니까, 안녕하시지요. 그가 인사한다. 안녕하십니까. 안녕하시지요. 그의 인사를 받는다. 동사무소 주위를 한 바퀴 돌고 온 그는 천국을 다녀온 사람이다.

안녕하십니까, 안녕하시지요. 그가 환하게 웃으며 손을 흔들면, 저녁노을이 길게 돌아눕는다.

꿍짝 맞는 그들

—들꽃요양원·38

부부젤라*의 강한 음색이 주변을 헤집는다. 꿍짝꿍짝 그녀의 독특한 춤사위가 시작 되면 회오리춤꾼도 덩달아 덩실덩실 춤을 춘다. 그의 춤이 시작되면 모두의 심장이 펌프질을 시작한다. 모두의 모가지가 휘청휘청 늘어진다. 그들의 춤은 사람들을 두 편으로 나눈다. 둘만의 공연에 환호하며 억지 박수를 보내거나, 슬그머니 서랍 속에 납작 엎드려 춤이 끝나기를 기다린다. 그들의 성이 출렁일 때마다 중심을 잡으려고 휘청대는 사람들을 지켜보며 웃어젖히던 벚나무들이 발라당 넘어졌다가 일어선다.

* 부부젤라: 남아프리카 공화국에서 축구 경기의 응원 도구로 사용되는 나팔 모양의 악기이다

십자가, 그의 밥줄, 밧줄

—들꽃요양원·39

금빛 십자가는 그의 밥줄, 그의 밧줄. 전능한 생활이시네. 야금야금 벼룩이 간을 빼먹는 그는 늘어나고, 날렵하게 늘어난 그가 벽화를 그리네. 줄줄줄 쏟아지는 똥을 주물럭거리며 줄줄줄 사탕을 그려대네. 줄줄이 쏟아지는 알사탕이 주렁주렁 매달리네. 황금물결이 출렁이고 황금 들판이 춤을 추네. 황금똥을 주물럭대던 그의 손이 멈추고 황금을 쏟아내던 비밀의 문이 잠기네. 잠겨버린 황금구멍이 생각의 길이를 늘이다가 멈추네. 생각의 넓이를 늘리다가 멈추네. 황금똥을 주물럭대던 손이 멈추고, 쾌변의 즐거움도 멈추네. 금빛 십자가는 여전히 전능하신 밥줄이고 밧줄이네.

슈퍼문*이 뜨던 밤

—들꽃요양원·40

크고, 밝은 럭비공 모양의 슈퍼문이 뜨던 밤이다. 슈퍼문이 뜰 때마다 토끼들이 사라졌다 나타난다는 소문이 무성한 밤이다. 달이 지구에 가장 가깝게 다가온 밤, 럭비공으로 기울어진 달에서 그들이 내려오던 날이다. 방아 찧던 토끼가 사라지면서 UFO가 달을 삼키고 달로 빛나던 밤이다. 그들을 떠난 달의 주변이 고요하다. 그들이 사라진 달 속에 검은 그림자가 스며든다. 검은 바람이 부는 것을 묵묵히 지켜보는 밤이다. 그가 세상에 왔다는 소문이 무성하게 웃자란다. 바람이 불때마다 펴져나가는 소리가 요란한 밤이다. 그러나 누구도 UFO가 달을 삼킨 사실을 절대로 본적이 없다. 보름달만 뜨면 옥상에서 맨발로 춤추는 그녀 외에는,

* 슈퍼문 : 달은 타원 형태로 지구 주위를 공전하기 때문에 지구와 가까워지기도 했다가 멀어지기도 한다. 달이 근지점을 지날 때 보름달이 뜨면 평소보다 달이 크고 밝게 보이는데 이를 슈퍼문 이라고 한다. 슈퍼문은 주기가 없이 1년에 1~2번 정도 발생하는 자연스러운 현상이다.

책 속으로 간 남자
—들꽃요양원·41

보름달이 뜨는 밤이면 그는 안네 레이드의 『샤먼의 코트』* 속 주인공으로 변한다네. 그는 불통인 세상과 하늘을 이어 주는 샤먼, 그의 행성에는 램프가 걸어 다니고, 벽돌과 그릇이 토론을 한다네. 신들은 바위를 집어던지며 싸우고, 갈색 모피를 뒤집어쓰고 노인네로 변장한 인간의 똥은 외출준비에 분주하다네. 태양은 번쩍거리는 옷을 입은 남자가 모는 썰매로 변한다네. 서로에게 욕을 퍼부으며 부부싸움을 하는 남서풍과 남동풍을 지나면 신들이 말을 매어 두기 위해 말뚝을 박아 놓은 북극성은 항상 제 자리라네. 그는 북극성을 뱅글뱅글 돌며 빠르게 춤추고 있네.

기억의 시간을 거슬러 책 속의 내용을 낚아 올린 그는 먼 행성의 이야기를 속살거리네. 다시는 돌아갈 수 없는 그의 기억이 달빛에 스며드네. 그 시절이 그리운 그는 그의 행성이 가까이 올 때만을 기다리고 있다네. 보름달이 떠오를 때마다 옥상으로 올라가 나무들과 대화를 하며 그의 행성을 기다리지. 그는 폭풍을 몰듯 격렬하게 오르락내리락, 북극성을 향해 뱅글뱅글, 두 팔을 휘휘 저으며 무아지경에 빠진다네.

『샤먼의 코트』 속 세상에서 걸어 나온 그가 춤을 멈추고
달빛 너머 꿈밖으로 사라지네.

* 『샤먼의 코트』 : 저자 안네 레이드, 시베리아에 거주하던 소수민족 부족민들에 관한 여러 이야기를 담은 책.
* 이 시는 책 내용을 참고로 함.

푸른 마을
—들꽃요양원·42

나타사와 흰 당나귀가 살고 있는 푸른 마을이 있네. 물안개에 싸여 나타났다 사라진다는 마을, 발 없는 말이 천리를 달려와 그의 귀에 걸리지. 그의 귀에 걸린 말의 안부가 궁금해서 그는 안개 마을로 간다네. 그곳은 나그네를 홀리는 마녀와 촉룡*이 강을 휘감으며 살고 있다지.

그는 파란 미소를 흘리며 포클레인으로 승용차를 밀어내던 그녀의 기억을 더듬거리네. 그녀의 기억이 만져질 때마다 오돌오돌 소스라치며 야위어 가지. 그의 표정 없는 얼굴에 그녀의 손이 바쁘게 움직이네. 수많은 데드마스크가 그녀의 주변으로 몰렸다가 사라지네. 그녀의 손을 따라 잠든 그의 방이 집채로 떠밀려갔던 기억이 더듬어지네. 그녀의 토네이도에 휩쓸렸다가 간신히 돌아온 그는 잠시도 비상구 앞을 떠나지 못하지. 주절주절 만져지는 기억들을 줄줄줄 토해내며 맴을 돈다네. 맴도는 그의 귀에 나타사와 흰 당나귀가 살고 있는 푸른 마을이 파랗게 흔들리고 있지. 눈 먼 말은 비상구 앞을 서성이며 그의 주변을 맴돌고 있지. 그의 기억은 다시 파란 미소를 더듬거리며 오들오들 떨고 있네. 수많은 데드마스크가 몰려와 그의 주변으로 쏟아지고 있네.

〉

* 촉룡 : 기원전 중국에서 씌어진 『산해경』 중에서, 중국 북쪽에 종산鐘山이란 영산靈山에 살고 있다고 하는 용신. 촉룡燭龍이라고도 한다. 용의 몸에 인간의 얼굴을 가지고 붉은 몸은 길이가 4천 킬로미터에 이르렀다. 촉음은 자연계를 관장하는 신으로 자거나 먹는 일이 없이, 눈을 뜨면 낮이 되고 감으면 밤이 되었다. 숨을 내쉬면 얼어붙을 듯한 겨울이 되고, 숨을 들이쉬면 여름이 되었다. 보통 때는 거의 숨을 쉬지 않지만, 조금 내쉬기만 해도 심한 폭풍이 일어서 전역에 휘몰아친다고 한다.

다시 채워지는 병동
—들꽃요양원·43

시간이 철썩일 때마다 사람들이 들고 났다. 무의식 속에 꿈을 심던 남자도, 복서의 꿈을 버리지 못해 매일 펀치를 날리던 그도, 밥보다 화장을 더 챙기던 하얀 여인도 벚꽃 따라 피었다 졌다. '놀아줘잉'을 반복하던 하얀 소녀와 벽지를 뜯어 설치 미술을 하던 그녀, 똥 벽화를 그리던 그도 떠났다. 열심히 자판기를 두드리며 커피에 매달리던 그는 잠들었고, 술만 먹으면 주위를 시끄럽게 엎어대던 그와 그의 친구는 경찰서로 갔다. 잠시 고요하다. 고요하던 무대엔 새로운 사람들이 나타났다. 고래고래 고래를 찾는 그녀와 음전하게 깽판 치는 그와, 우아한 몸짓으로 밥상을 엎는 그녀와, 사람들을 모으고 막무가내로 욕을 하며 한판 붙기를 시도하는 그들이 경찰을 불러들이고 주먹을 부르며 막 내린 무대를 다시 화려하게 장식하고 있다.

하루 종일 그가

—들꽃요양원·44

거미가 줄을 치고 있다. 허방을 디디다가 툭 떨어진다. 줄에 대롱대롱 매달려 주변을 두리번거린다. 허물 벗은 뱀이 혀를 날름날름 먹잇감의 위치를 파악한다. 쇠똥구리는 쇠똥을 굴리고 말똥구리는 말똥을 굴린다. 그녀는 사과를 굴리고 그는 호박을 굴린다. 그녀는 팬을 굴리고 그는 바퀴를 굴린다. 헛다리짚은 거미가 허방으로 떨어지고 있다. 거미는 계속 빙글빙글 허방으로 떨어지고 빈 거미줄에 바람만 빙글빙글 걸린다.

시장 통에는 뻥튀기 장수의 강냉이 튀기는 소리가 뻥뻥 울리고 약장수의 약 파는 소리가 북이 되고 장구가 된다. 북치고, 장구 치는 천막극단의 공중그네에 진땀 밴 함성이 대롱대롱 매달려 공중회전을 한다. 하루 종일 갇혀 있는 그가 주절주절 유년의 파편을 꺼내어 공연을 하고 있다. 왼쪽으로 기울어진 생각들이 환호하며 박수를 보내고 빈 거미줄에는 이슬이 걸려든다.

| 제4부 |

천도화

화단이

환하다. 그의 화단이, 꽁초 꽃이 처박힌 자리에 비누 꽃이 날아오르고, 사탕 꽃도 날아오르지. 담장너머로 날아간 사탕 꽃이 하수구에 처박히네. 그의 울음도 하수구로 처박히네. 꽃을 꺾는 사람이 꽃을 가장 사랑한다고 들은 그녀에게는 꽃을 던져버린 그가 가장 슬픈 사람이지. 저돌적인 그는 딸 수 없는 태양을 사랑하고, 가질 수 없는 신포도를 십자가에 매단다네. 그가 예수를 지옥으로 보낸 후 그의 안경이 추락하네. 층과 층 사이에서 멈춘 그의 흔적이 나타나지 않네. 그의 발자국은 지워지고 직장과 집 사이, 벽과 벽 사이 지워진 그의 발소리가 들려오네. 그가 즐겨 머물던 12층 베란다 그의 화단에는 꽃들이 가득 피어있지. 몰래 피어나기도 하고, 담장너머에서도 피고, 버려져서도 피던 꽁초 꽃들이 환, 하다.

청소 로봇의 정신 가출 증후군*

시도 때도 없이 청소를 하다말고 달려가선 돌아오지 않지. 입력된 명령어를 이행하지 않네. 청소를 하다 말고 열려있는 문으로 달아나고, 열린 엘리베이터를 타고 가출을 시도하지. 틈만 나면 도망가고 틈만 나면 밖으로 달아나네. 거실 청소를 명령하고 돌아서는 순간 열린 문 밖으로 달아나선 다시 돌아오지 않네. 시도 때도 없이 엘리베이터 앞에서 기다리고, 수시로 현관문을 열어보네. 네 부재에 집안엔 그늘이 지고 하얗게 먼지가 덮여가지. 네가 희미해져가네. 한 채널만 나오는 텔레비전에서는 서태지와 아이들의 컴백 홈이 무한 반복으로 흘러나오고, 길거리엔 잃어버린 것을 찾는다는 전단지가 수시로 뿌려지고 있네.

* 정신가출증후군 : 엄청난 피로에 휩싸여 어디론가 뛰쳐나가고 싶은 증상.

네비게이션이 필요해

섬이 된 사람이 있대. 섬이 되는 사람들이 있대. 섬이 된 그들에게 따뜻한 담요가 필요하지. 커다란 우산도 필요하다지. 담요가 넘쳐나는 세상인대도 그들에게 돌아올 담요는 부족하대나. 그들을 가려줄 초록우산도 없대. 달은 태양보다 50분 늦게 뜨고 늦게 진다는데, 섬과 섬 사이에 해가 뜨고 달이 뜨고 해가지고 달이지지. 섬과 섬이 해일로 일어서서 육지로 달려오려고 해. 그들에게 줄 담요가 필요하지. 청와대 전화기에선 기계음이 응답하고 기계음이 신분을 확인하고 용건을 물어본다지. 직통으로 가는 길은 편리할수록 멀기만 하지. 응답을 기다리는 그들에게 커다란 우산을 펼쳐야 해. 길을 알려줘야 하고, 담요를 주어야 해. 점점 늘어나는 섬들이 해일로 일어서서 육지로 달려오려 해.

스토킹

도꼬마리와 도깨비바늘은 같으면서도 다르다지.

도꼬마리는 속씨식물에 쌍떡잎식물, 초롱꽃목에 털이 있고, 꽃은 노란색이지, 암꽃과 수꽃이 따로 피고 열매는 넓은 타원형으로 바깥쪽에 갈고리 같은 가시가 있어 다른 물체에 잘 달라붙는다지. 열매는 치풍, 가려움증, 옴, 두풍에 사용되고 생즙은 눈과 귀를 밝아지게 한다네. 신경계통의 질환과 감기 두통에도 효과적이지. 꽃말은 고집과 애교라네.

도깨비바늘도 속씨식물에 쌍떡잎식물, 초롱꽃목에 털이 있고, 노란색 꽃이지. 사는 곳도 비슷하지만 잎과 열매는 다르지. 잎이 마주나고, 양면에 털이 있고 깃꼴로 갈라진다네. 갈라진 조각은 달걀모양 또는 긴 타원형으로 끝이 뾰족하고 톱니가 있다네. 거꾸로 된 가시가 있어 다른 물체나 동물에 잘도 붙지. 어린잎은 식용으로 쓰이고 생즙은 독벌레에게 물렸을 때나 상처에 바른다네. 꽃말은 흥분이라네.

같으면서도 다른 그대와 내가 불 꺼진 가로등 아래로 마주 걸어오고 있네. 점점 가까이 서로에게 다가서고 있네.

트라이앵글

수선화는 여섯 개의 수술이 부화관 밑에 달리고 열매를 맺지 못하는 암술은 비늘줄기로 번식하지. 바람에 흔들리는 노란꽃송이, 이룰 수 없는 사랑을 꽃말로 갖고 있는 꽃, 자신을 사랑한 나르시스의 영혼이 꽃으로 피었다지.

그는 호수에 비친 그에게서 눈을 뗄 수가 없었대. 그의 아름다운 모습에 꽂혀 헤어 나올 수가 없었다고 해. 그를 사랑하면 할수록 가까이 갈 수없는 안타까움으로 매일을 보냈다고 해. 호수에 비친 그를 보는 것만으로 세월 보내다 보니 더욱 안타까워 졌대. 그는 호수에 비치는 그의 모습에 꽂혀 더 다가가기 위해 호수에 몸을 던졌지. 그가 바라보던 호수에 파문이 일고, 그와 그는 하나가 되었다지. 하나가 된 그와 그의 그가 점점이 사라져 버리자, 그를 짝사랑한 숲의 님프 프리지아도 슬픔에 잠겼다가 그를 따라 호수에 몸을 던졌다고 해. 짝사랑으로 괴로워하던 그녀가 프리지아 꽃으로 피어 수선화가 피면 뒤를 좇아 피어서는 달콤한 향기를 퍼트리며 바람을 흔들고 있다지.

바비인형 오타쿠*

그는 바비 인형 모으기를 좋아하지. 종류별로 모아 놓은 그녀들이 방안을 채우면 그의 하루도 풍성해져. 하늘로 솟은 오똑한 코, 하얀 얼굴 푸른 눈동자, 롱 다리의 그녀는 매순간 그를 흔들어 놓지. 허브향이 감도는 금빛머릿결에 반달눈, 긴 속눈썹을 깜빡이며 쿠로렐 핑크로 속삭이면 후들거리다 그만 녹아내리지. 니코틴향이 향기로운 그녀의 희고 가느다란 손가락을 따라 그의 눈빛이 흔들려. 후들거리는 주변의 눈빛들도 그녀의 흰 손을 따라가. 금빛머릿결, 긴 속눈썹, 파란 써클렌즈로 빛나는 아름다운 눈동자와 핑크빛 입술, CC크림으로 연출한 내추럴한 도자기피부, 그녀는 너무나 매혹적이야. 쿠로렐 핑크로 '난 소중하니까'를 외치며 윙크를 날리면 그들의 심장은 녹아내리고 다리는 후들거리지. 유혹의 마법을 거는 그녀의 매혹에 그는 밖을 나갈 수가 없지. 너무나 소중한 그녀가 방안을 가득 채우고 있어. 초인종 울리며 배달되는 그녀들로 그의 하루하루는 매일 충만하지.

* 오타쿠 : 친구와 가족을 소홀히 하고 컴퓨터, 만화, 첨단 기술 제품들에 푹

빠져 지내면서 현실보다는 가상 세계에 더 매혹된 사람을 가리킨다. 더 나아가 무엇에 깊이 몰두하는 모든 사람들에게 다 적용되는 만능의 접미어로 사용되기도 한다. '축구 오타쿠', '골프 오타쿠', '윈드서핑 오타쿠', '다이어트 오타쿠', '건강 오타쿠' 등과 같은 식으로 말이다.

뻐꾸기 할머니

그녀가 세상을 떠난 날 예쁜 뻐꾸기 한 마리 한참을 울고 갔다지.

목구멍이 포도청이던 그녀는 알토란같은 아들 둘을 날려 보내고 지푸라기 같은 사형제를 간신히 붙들고 살아왔네. 가진 것 없는 그녀는 가진 것 없는 만큼 해 본 일도 많지. 동백기름으로 곱게 쪽진 머리를 매만지며 담배냄새를 박하향으로 지우는 그녀는 여자를 싫어해. 첫딸을 나은 며느리를 구박하고 손녀가 딸이라는 이유로 수없이 쥐어박는 욕들을 쏟아내었지. 가시 박힌 말들이 부메랑으로 꽂혀질 때까지 그녀의 욕설은 쉬지 않았어. 부화한 뻐꾸기 찾아 올새라 가슴 졸이는 그녀의 욕설은 세상 떠날 때에도 계속 되었지. 그녀가 세상을 떠나던 날 버려둔 알이 부화하여 한 참을 울고 갔다지.

아들 많은 자랑으로 손 귀한 집 둥지에 밀어 놓고 왔던 알을, 잊지도 갖지도 못해 손녀 딸 모질게 구박하던 그녀 떠나던 날에 예쁜 뻐꾸기 한 마리 한참을 울고 갔다지. 뻐꾸기 울고 떠난 후 소리죽여 울던 그녀의 울음도 거두어 갔다지.

달, 해를 삼키다

—이스터섬의 개기일식

2010년 7월 11일 정오, 달이 해를 삼킨다는 뉴스로 이스터섬이 몸살을 앓고 있다. 해변에 서 있던 일곱 모아이가 달이 해를 삼키는 장면을 목격한다. 4분 41초의 장엄한 공연을 위해 몰려온 수 천 명의 관광객들이 환호하며 손뼉을 치는 바람에 놀란 일곱 모아이는 잠시 훌러덩 넘어졌다가 일어났다는 소문이다. 소문은 돌았지만 시치미 떼는 그들의 진실은 기사화 되지 않았다. 달이 해를 삼키는 순간 해가 미소 짓는 것을 보았다는 얘기, 해가 수평선에 초승달로 걸렸다는 얘기들만 무성하게 기사화 되었다. 달이 해를 삼키는 장면을 목격한 일곱 모아이의 발걸음이 분주하다. 온 섬에 그들의 목격담이 널리고 여기저기 부풀려진 그들의 목격담으로 삼각형 섬이 날카롭다. 조용히 기도하던 900여 개의 모아이들은 묵언수행의 어려움을 토로한다. 섬이 팽팽하게 일어서다가 잠잠해진다.

퍼즐
—수잔나와 장로들에 관한 그림

목욕하는 수잔나(장 밥티스트 상테르의 1704작)*

기둥 뒤에서 목욕하는 수잔나를 관람하고 있다. 쭈굴쭈굴한 붉은 눈알들이 우유빛깔 그녀의 하얀 살에 달라붙어 스르륵스르륵 미끄러진다. 탱글탱글 살아나는 눈알들이 아슴아슴 그녀의 하얀 살을 훑으며 흘러내린다. 살짝 내리깐 그녀의 눈썹이 파르르, 파르르, 흔들린다.

수잔나와 장로들(틴토레도의 1555작)*

햇살이 나른한 수잔나의 주변은 고요하다. 그녀의 피부는 더욱 더 희다. 나무와 풀들로 장식된 칸막이 뒤에서 꼴깍꼴깍 숨죽인 군침이 그녀의 하얀 살을 더듬어 간다. 발, 종아리, 허벅지, 배, 가슴으로 구르는 탐욕스러운 눈알들을 눈치 채지 못하고 그녀는 해맑은 표정으로 나른한 꿈에 잠긴다.

수잔나와 장로들(게라리 판 혼쏠스트의 1655작)*

빙글빙글, 시실시실한 아귀들이 수잔나를 끌어당긴다. 무음으로 소리치는 그녀는 하얗게, 하얗게 소스라친다. 검푸른 풀들이 화들짝 짙은 그림자를 드리운다.

〉

수잔나와 장로들(아르테미지아 젠틸레스키:여성화가 1610작)*

너만 봐. 다 줘야 해. 날름날름 혀의 속삭임이 수잔나의 달팽이관을 축축하게 훑고 간다. 고개를 돌리고 끈적끈적한 말의 딱지를 밀어내도 더욱 더 날름날름 달라붙는 혀, 일그러진 그녀의 심장이 부르르, 부르르 요동치고 있다.

* 장로들이 수잔나가 목욕하는 장면을 숨어서 지켜본다. 그들은 그녀를 유혹하지만 그녀는 그들의 제의를 거절한다. 거절당한 장로들이 공모하여 그녀를 간음죄로 고발하여 그녀는 사형당할 위기에 처한다. 그녀는 현명한 다니엘의 도움으로 무고를 증명하고 순결을 회복하게 된다. 구약성서 다니엘 외경에 등장하는 일화를 소재로 한 그림들이 퍼즐조각으로 흩어져 있다.

농담

끈적끈적한 타르,
축축하고 서늘한 파충류의 혀가 비릿하다.
시팔을 질겅질겅 씹는다.
온몸을 훑고 가는 눅눅한 딱지들의 입김이 진득하다.
화들짝 솜털들이 곧추서며 바람을 할퀸다.
바람이 날름거리는 혀를 후리고 간다.
나뭇잎들이 파문을 일으키며
빙글빙글 흔들리다가 잠잠히 가라앉는다.
침묵,
금세 제자리를 찾는 풍경들,
나른한 눈으로 하늘을 할퀴려는 바다의
손을 보고 있다.

담쟁이

경고
이 지역은 군사시설물이므로
무단접근 및 사진촬영을 금함.

수 천 수만의 잎들이 경고판을 뒤덮으며 뻗어간다. 걷어채이면 채일수록 더욱 더 단단히 부여잡고 위를 향한다. 삭막한 콘크리트 벽, 넘어선 안 될 경계를 쉼 없이 넘어가고 있다. 겨우내 죽음처럼 누웠던 잎들이 바람이 휘몰아칠 때마다 파닥파닥 일어서며 근접할 수 없는 구역을 넘어 유월의 심장 속으로 파도쳐 간다.

천도화天桃華

—바람난 치악산·1

하늘의 비밀을 훔쳐 무대에서만 빛나는 꽃,
천개의 도화, 천개의 얼굴, 천개의 향으로
하르르 하르르 달빛 흘리는 연분홍 몸짓,

꽃밭머리*, 치마바위*

—바람난 치악산·2

꽃밭머리에는 머리가 없네. 꽃밭머리 가는 길 가파르기만 한데, 굽이굽이 줄줄이 꼬리를 무는 사람들. 꽃밭머리 꽃은 없고 사람 꽃만 북적이네. 머리 없는 꽃밭머리에 붉은 해가 숨어들고, 치마바위엔 치마는 없고 바위만 누워 있네. 치마 없는 치마바위는 바람을 흔들고 머리 없는 꽃밭머리엔 붉은 해가 숨네. 발 없는 풍문이 꽃밭머리 흔들고 가면 살랑대던 치마바위 천리로 줄행랑이네. 꽃밭머리에 붉은 꽃 하르르 피었다지고 치마바위엔 붉은 해가 살며시 숨어든다네.

* 원주시 행구동 치악산 자락에 있는 카페 이름.

상원사 가는 길
—바람난 치악산·3

중앙선 원주 제천 구간을 가다보면 그녀에게로 가는 비밀의 통로가 있지. 구렁이가 똬리를 틀고 앉아 지키고 있다는 비밀의 문이 있어. 그 곳은 같은 풍경, 다른 시간이 흐르고 있지. 그의 세상은 차곡차곡 정해진 대로 잘도 흘러가. 다른 시간이 흐르는 비밀의 통로에는 사백년 전 그녀가 있지. 그가 그녀에게로 통하는 비밀의 통로, 다른 이는 믿지 않는 그만의 공간, 그녀에게 달려가다 굴러 떨어진 용마의 피가 흔적으로 남아 전설이 되고, 용마의 등에서 떨어져 간신히 바위를 잡았다는 손자국이 남아있는 그곳엔 비밀의 사랑이 전설로 전해오지. 구렁이와 꿩의 전설이, 멈춰진 범종에 서려있다네. 기억조차 희미해져 가는 이름들이 자꾸만 제자리로 내동댕이쳐질 때 그곳에 가면, 똬리를 틀고 앉은 구렁이가 열어주는 비밀의 공간을 갈 수 있다네. 같은 풍경 다른 시간이 흘러가는 그만의 공간으로 갈 수 있다네.

사월의 치악산에서

—바람난 치악산·4

당신의 한숨으로 벚꽃이 흩날리고 앵두꽃 화르르 흩어지네요. '연분홍 치마가 봄바람에~' 낭창낭창한 소리 따라 연분홍꽃바람 흔들리다 흩어지네요. 흩어지는 꽃송이 바라보며 덥다, 덥다, 방문만 열어젖히지요. 당신은, 저녁놀에 붉게 물드는 가슴을 꼭꼭 여미며 흔들리고 있는 당신의 한숨을 훔쳐 듣고 말았지요. 홀로 흐느끼는 속울음도, 사월의 바람 속에서 속으로 속으로만 폭발하는 당신의 휴화산을 훔쳐보고 말았네요. 어머니,

오월의 치악산에서
—바람난 치악산·5

하르르 하르르 불어오는 꽃바람에 어즐한 찰나, 그의 늑골에서 붉은 꽃 쏟아져 내린다. 오월의 치악에 꽃바람이 인다. 붉은 꽃숭어리 더욱 더 붉어져 여기 저기 무더기로 얼굴 붉힌다. 골골이 붉은 물결이다. 골골이 나비 떼 날아다닌다. 바람이 일렁일 때마다 파도쳐오는 나비 떼로 붉은 꽃 더욱 붉어져 괜스레 가쁜 숨만 고른다. 겨우내 꾹꾹 담아둔 별똥별을 풀무질해서 부려놓은 오월의 치악에, 철쭉꽃 흐드러진다. 한 계절 무너져 내린 그의 늑골에 다시 또 바람이 불고, 바람 일렁일 때마다 푹푹 안겨오는 향기 어쩌지 못해 질끈 눈 감는다.

가을 치악산
—바람난 치악산·6

오늘은 마음 잡아당기는 가을 속으로 주섬주섬 떠나지 못한 것들을 챙겨 한껏 가을 속에 안겨 봅니다.

가속 붙은 시간을 쫓아 허우적거리며 지나온 답답했던 시간들을 불어오는 바람에 실어 보내고, 당신께 보내는 마음 한자락 물봉선으로 피워 가을 치악에 걸어 둡니다. 다가올 듯 다가오지 못하고, 다가갈 듯 다가가지 못하는 그 행간에서 당신께 보내는 안부, 행여 지나는 길에 보았다면 보름달로 커져가는 궁금증을 그믐달로 화답해주길, 작은 몸짓 바람에 흔들릴 때마다 바람으로 화답해주길, 다가서지도 다가가지도 못해 좁혀질 수 없는 거기에 오늘은 눈부시게 파란 하늘만 시리게 빛나고 있습니다.

스쳐가지 못한 그곳에

—바람난 치악산·7

곁눈질로 스치기만 했던 그 곳에서 스쳐가지 못하는 그를 봅니다. 가을 속으로 떼밀려가는 그를, 한때는 선글라스에 코트 자락 휘날리던 홍콩 영화의 멋진 주인공이던 그가 주춤주춤 떼밀려가고 있습니다. 희끗한 머리 축 쳐진 어깨 구부정한 뒷모습으로 생의 한 구비를 막 넘어가고 있는 그, 곁눈질로 스치기만 했던 그곳에서 안개 스미듯 서서히 뿌리 내리며 당당하게 외치던 그가 떼밀려가고 있습니다. 겉돌며 바라보기만 하던 그저 스쳐 가리라 했던 그 곳에서 그를 스쳐가지 못하고 나이테 굳히며 가지 뻗는 그녀도 보았습니다. 안개 덮이듯 서서히 중심을 향해 뻗어가는 그녀를,

영화제목처럼
—바람난 치악산·8

건널목을 두고도 철로를 넘는다. 아슬아슬하고 짜릿짜릿한 유년이 다가온다. 금지된 것들을 끄집어들고 유혹의 눈짓을 보낸다.

건널목을 두고도 철길을 넘고, 위험 수위를 넘어 일렁이는 물살에 현기증을 일으키면서 그 거대한 물살의 일렁임에 빠져들던 유년의 기억이 손짓한다. 일렁이는 여울 앞에서 상을 차리고 설거지를 하고 청소를 하며 자투리로 기워지는 일상을 팽개쳐 본다. 벗어나고 본다.

잠깐 눈 돌린 사이, 잠깐 한눈 판 사이, 의도하지 않은 낯선 시간 속을 방황했던 짜릿한 스릴이 아련히 스민다. 영화제목처럼 나는 소망한다. 내게 금지된 것들을,

편지
—바람난 치악산·9

힘겨운 당신에게
사랑한다 말하고 싶습니다.

가슴 속 태우던 불꽃
꾹꾹
눌러 담은 화로 같은 언어로

당신을 바라보면
검은 머리에 스치는 세월이
안타까워 붉어진 눈시울,

오늘은
따사로운 눈빛으로
사랑한다 말하고 싶습니다.

|해설|

'사이'의 감옥에 처방된 '플라시보placebo'로서의 시

— 정치산의 시세계

백인덕 | 시인

> 모두가 자신이 추방된 형태 속에 살아남기 위하여, 자신의 반대용어로 변신한다.
>
> —J. 보드리야르

1.

공존하며 공전하는 두 개의 행성이 있다. 하나는 지구, 또는 어스Earth라고 불리는 행성이고, 다른 하나는 '앨리스 증후군'을 통해서만 실제적 감각으로 지각할 수 있는(또는, 지각한다고 믿을 수 있는) 행성이다. 이 두 행성은 '현실/환상'이라는 단순한 이분법을 넘어선다. 단순히 넘어서는 것이 아니라, 현대사회와 현대인의 극히 모순적인 여러 상황과 사태를 포섭, 배제하면서 때로는 넓게, 때로는 깊은 미로 속으로 우리의 사유를 확장하고 밀어 넣는다.

정치산 시인의 이번 시집, 『바람난 치악산』은 '치악산과 들꽃요양원'이라는 두 개의 시사적인 세계의 이미지가 주는 충격으로 휩싸여 있다. 하지만 이 시사점 말고도 여러 측면에서 곰곰이 생각해 볼 문제점을 함축하고 있다. 가령, 시집을 일관한 단련 산문적 형태의 의미라든가, 근래 보기 드문 활달한 의성, 의태어의 사용이라든가, 중의적인 시어의 활용, 강력한 중심 상징들의 의미 등. 어느 것을 중심으로 삼아 시집을 읽어도 나름 기대만큼의 소득이 보장되는 유익한 경험이 될 수 있을 것이다.

그렇지만 '치악산/들꽃요양원'으로 비유된 두 개의 행성에 대한 탐색을 이번 시집 읽기의 중심 테마로 삼기로 했다. 구성상 1부 '소리를 먹다'와 4부 '천도화天桃華'가 2, 3부의 '들꽃요양원' 연작을 감싸 안고 있는 형태지만, 이 두 세계는 각기 다른 행성이라고 명명해도 무방하리만큼 간극이 넓다. 일단, 그 거리가 우리가 일반적으로 말하는 현실감으로서 매우 떨어져 있다고 하자. '포섭/배제'의 문제는 뒤에 다시 충분히 살펴볼 수 있을 것이다. 굳이 또 다른 차이를 설정해야 한다면 시적 화자의 개입이 직접적이냐 간접적인 관찰, 보고의 형태를 취하느냐 하는 것이다. 외적 자극에 대한 정서적 반응의 결과로서 시(작품)는 동일한 형태를 취하는 것처럼 보이지만 화자 개입의 직접/간접성은 자극에 대한 태도의 차이를 생성하고, 여기서 시적 의미의 미세한 균열을 빚어낸다. 결국 두 행성, 혹은 세계를 모두 대상으로 포획하고자 했던 시인의 내밀한 욕망을 읽어야만 이번 시집을 제대로 이해할 수 있을 것이다.

> 잡지 못하는 사이 왔다간다. 덜커덕 기억의 서랍이 삐걱대고 불어오는 바람에 접혀진 마음자락이 펄럭인다. 칸칸이 접혀지고 구겨졌던 기억의 퍼즐들이 하나, 둘, 다시 또 덜컥댄다. 깊숙이 묻어 놓았던 속내, 감춰진 기억이 멈춰진 배경으로 닫히지 않는다. 구린 향이 풍긴다. 구린 옷들이 널브러진다. 기침소리 밤새 뒤척이며 환절기를 앓는다. 강물은 검은 고래의 입김을 풀어 놓는다. 고래의 입김 속으로 달려간 그가 보이지 않는다. 아침, 까마귀 울음이 먼 길을 떠난다.
>
> —「환절기」

정치산 시인은 '치악산/들꽃요양원' 두 행성을 아우르면서 시인의 시적 현상과 지향을 가로지르는 장치로서 '바람'의 상징성을 활용하고 있다. 인용 작품에서 주목하게 되는 시어는 '사이', '기억', '바람' 등이지만 여타의 시어의 계열을 분석하면 이 작품은 '바람'의 상징이 압도적으로 드러난다. '구린 향', '기침소리', '입김', '울음' 등은 직접적으로 바람을 연상할 수 있게 하지만, 나아가 '삐걱대고', '덜컥댄다', '풍긴다', 풀어 놓는다', '떠난다' 등의 활용어미도 다 바람에 의해 유추될 수 있다.

일반적으로 '환절기'란 이행移行의 때를 말한다. 여기서 저기로, 이것에서 저것으로, 이 순간에서 다른 순간으로 옮겨 앉고, 안기고, 쓰러지는 것을 의미한다. 정지停止가 곧 바람의 죽음에 다름 아님을 알기에 환절기란 바람이 가장 성하게 자신의 허위와 위세를 드러내는 시기라 할 수 있다. 이 시기를 지나가는, 아니 막 당도한 시인의 시적 고투와 지향을 읽는 것이 이 글을 쓰는 이유와 같을 것이다.

2.

바슐라르는 그의 한 저서에서 "세계의 규모와 차원을 확대시키지 못하는 꿈을 시인의 꿈이라 할 수 있을까"라고 반문하고 있다. 이는 다시 말하면 모든 시인은 그의 작품을 통해 시 세계의 확장과 심연에의 탐색을 도모해야 한다는 말과 같다. 그러나 그 세계가 굳이 이성적이거나 칸트나 코울릿지 방식의 상상력에 의거해야 한다는 제한은 없다. 극작가 버나드 쇼는 "이성적인 사람은 자신을 세상에 적응시킨다. 하지만 비이성적인 사람은 고집스럽게 세상을 자신에게 적응시키려 한다. 그래서 모든 진보는 비이성적인 사람의 손에 달려 있다"고 강조한 바 있다. 물론 이 '이성/비이성'의 가름을 무한정 확장하는 것은 무책임한 짓이 될 것이다. 하지만 우리가 일상적으로 믿고 자연이라 받아들이는 것들이 궁극적 자연이 아닌 그저 허황된 믿음의 산물일지도 모른다는 사실은 두렵게 자각해야 한다.

정치산 시인은 현대의학에서 소위 "앨리스 증후군"이라 정의한 "공간, 시간, 몸의 이미지가 왜곡되어 보이는 현상, 환각적인 꿈, 공중부양감을 느끼는 것" 등의 실제적 이미지를 '들꽃요양원' 연작을 통해 보여준다. 아니 정확하게 표현하면 '들꽃요양원'이라는 행성의 현실을 실제적으로 형상화하고 있다.

이 행성, '들꽃요양원'의 신민들을 분류하는 것은 말 그대로 들꽃들을 식물분류표에 따라 분류하는 것보다 더 어렵다. 그것은 외적 형상과 행태뿐만 아니라 그 원인에 대한 이해와 분석까지 고려해야 하기 때문이다. 너무 많은 기준이 필요하거나 지나치게 예외가 발생하는 경우 분류는 무의미해진다. 사실 그들은 모두 각자의 현실과 세계와 행성을 이미 갖고 있기 때문이다.

> 황금마차를 타고 궁으로 간 그녀, 마녀가 되었다네. 알콩달콩 그녀의 콩 꺼풀은 오래가지 않았네. 궁으로 간 그녀는 전설을 깨고 화려한 돌싱이 되어 세상으로 왔다네. 궁을 버린 그녀의 이야기는 연일 언론과 뭇시선들을 사로잡고 있지. 수런수런 와아와아 떠들어대던 여론이 잠잠해진 사이 그녀는 화려한 돌싱에

서 무대의 여왕으로 등극하네. 그녀의 주변이 꽃남들로 넘쳐난
다지. 그녀는 다시 또 스포트라이트를 받지. 유리 구두를 던져버
리고 세상에 온 그녀의 활약 덕분에 세상 속으로 화려하게 귀환
하는 돌싱들이 늘어난다고 언론과 뭇시선들 다시 수군대고 있네.

—「돌싱-들꽃요양원·2」 전문

이 작품은 현대판 '신데렐라' 동화를 그리고 있다. 원본 신데렐라와 다른 점이 있다면 동화에서는 결코 들려주지 않는 뒷담화, 즉 후일담이 오히려 이야기의 주가 된다는 것이다. 이른바 '명성', 즉 유명세에 의해 존재가 판단되는 세태에 대한 강한 비판을 내포하고 있다.

이처럼 '들꽃요양원'의 신민인 것 같지만 따지고 보면 주변에서 흔히 발견하게 되는 인간군상이 연작 사이사이에 박혀있다. 「프로크루테스의 후예-들꽃요양원·8」에는 "안절부절 정과 네모 틀로 그의 세계를 네모로 만든다. 그는 지구가 네모였던 시대에서 왔다. 그의 세계에는 다른 모양을 가질 수 없다."는 편견에 가득 찬 가장이 등장하고, 「매일 같이 구르는-들꽃요양원·11」에는 "하루도 거르지 않고 중앙동 사거리를 거쳐 의료원 사거리, 환경청 사거리를 지나 이곳에 와 멈춘다. 안녕하십니까, 잘 부탁드립니다. 매일 같은 인사를 하고, 환경청 사거리를 지나 의료원 사거리를 거쳐 중앙동 사거리로 되돌아 구르기를 반복한다."는 시지프스의 후예가 주인공이다. 뿐만 아니라 선녀와 나무꾼 이야

기처럼 조부의 어리석음을 반복하지 않으려 이미 하늘로 간 아내를 찾는 남자(「아내를 찾는 남자-들꽃요양원·17」)가 보이고, 지하철 2호선을 타고 돌며 걸진 욕설을 쏟아내는 할머니(「지하철 할미넴-들꽃요양원·20」)가 있는가 하면, 옥수수 밭에서의 몹쓸 기억 때문에 샤워와 빨래에 집착하게 된 한 여인(「옥수수 잎, 그 여자-들꽃요양원·22」)의 이야기도 등장한다.

이 별개의 사연을 가진 '들꽃요양원'이라는 행성의 신민들은 결국 이 행성이 우리 사회와 동떨어진 먼 은하계나 깊디깊은 심연의 외침들이 아님을 반증한다. 바로 이 행성이 이 사회의 축소판임을 아니, 이 사회를 그대로 유비하고 있음을 드러낸다. 이 드러남이란 일상이란 이름으로 아직도, 오늘 이 순간에도 잘 굴러가고 있는 '바람난 치악산'의 세계와 '들꽃요양원'이라는 세계의 경계가 얼마나 가깝고 허술한 것인가를 말한다.

정치산 시인이 비록 환절기에 있는 것은 분명하지만 결코 비극적인 세계인식의 소유자가 아니라는 것은 시집 곳곳에서 드러난다. 뒤에 언급하게 되겠지만, 망설임은 아직 끝나지 않았음을 역으로 말하는 것이며, 신화, 설화, 동화 등 이야기에 의탁하는 것은 일반화를 통한 정서적 중화中和의 한 수법이기 때문이다. 무엇보다도 시인은 '들꽃요양원'의 면면을 일관된 관찰자적 태도로 현장감 있게 형상화하고 있다.

그는 화성에서 온 고소의 달인이다. 그의 행성에서 제일 잘나가던 사람이다. 그는 말 한마디를 잘못해서 망가지고 망가진 후 더 유명해졌다. 그는 그의 행성에서 쫓겨난 후, 그의 레이더망에 걸리는 족족 고소를 하는 고소의 달인이 되었다.

쭉쭉쭉, 줄기 뻗은 등나무는 일조권 침해다. 담 밑으로 뻗어온 소나무 뿌리는 무단 점유다. 담쟁이는 주거 침입이다. 고양이는 고성방가다. 강아지는 노상방뇨다. 경찰, 검사, 판사를 직무유기로 고소하고, 개그를 다큐로 이해해서 개그맨을 고소하고, 서 있는 풍차도 돌지 않는다고 고소한다.

간호사를 성희롱한 후 강제퇴원 당하자, 정신적 피해보상을 요구하며 고소했다. 그는 유명 사립대 법학 석사학위 소지자다. 그는 수백 건의 고소장을 접수시켜 놓고 그의 조울증마저 고소 중이다. 잘나가던 시절로 다시 돌아가기 위해 좌충우돌 새로운 방식으로 자신을 만들어가고 있다.

—「고소대마왕-들꽃요양원·28」 전문

제목에서 이미 알 수 있는 것처럼 이 '고소대마왕', 뿐만 아니라 등장하는 많은 인물들, 가령 「그의 아우라-들꽃요양원·12」에 등장하는 선글라스를 낀 그나 「다 자란 아이-들꽃요양원·14」의 '칠십 둘'인 아이나 「꿈의 꿈속에 빠진-들꽃요양원·15」의 그, 그리고 「율무차에 빠진-들꽃요양원·19」 천진난만한 그녀, 「대박을 꿈꾸는-들꽃요양원·25」 순진하기만 한 그, 이들 모두는 사실 '기억'을 잃고 있는 것이다.

이들은 모두 기억의 갱신을 통한 적응보다는 기억, 한때 좋았던 시절로 회귀하려는 집요한 성향을 드러낸다. 그러나 어쨌든 이들은 모두 수동적이며 소비적으로 존재하는 것이 아니라 "잘나가던 시절로 다시 돌아가기 위해 좌충우돌 새로운 방식으로 자신을 만들어가고 있"는 것이다.

정치산 시인이 첫 번째 시집에서 마흔 편이 넘는 작품을 '들꽃요양원'에 할애한 아니, 그것으로 구성한 이유가 얼마쯤은 짐작된다. 지각 가능한 현실, 말 그대로 생생한vivid한 현실이란 결국 언어나 관념으로, 또는 법이나 제도에 의해 선험적으로 주어지는 것이 아닐지도 모른다는 강한 의문을 던지고 있는 것이다. 우리가 영원히 타자를 이해할 수 없다는 것을 받아들인다면 시적 공감이란 결국 제한적일 수밖에 없다는 사실마저 환기하는 것이다.

삼각형의 심통이 껄렁껄렁 시비를 건다. 그는 오늘 뾰족하다. 뾰족한 그에게 틈이 보인다. 열린 틈으로 심통이 새어 나오고 바람의 손이 그를 훑고 간다. 조금 열려있기도 하고 활짝 열려있기도 한 마음이 심통을 도발한다. 거울에 있는 얼굴이 붉다. 엘리베이터는 고장이다. 식은 바람이 분다. 계단이 층층이 펼쳐진다. 거울에 있는 얼굴이 파리해진다.

가는 길은 가도 가도 토끼 굴, 가도 가도 블랙홀이다. 발끈한 마음에 뛰어 보지만 늘 저만치 앞서 있다. 바삐 길을 재촉하면 까칠하게 째깍대던 시간이 블랙홀로 뛰어간다. 간신히 붙잡고 서면 토끼 굴에 빠진다. 길은 찾을 수가 없고 시간은 째깍째깍 걸음을 재촉한다. 느슨한 발걸음을 지켜보는 검은 시간이, 꼬리를 세우고 돌아서서 블랙홀에 뛰어든다. 검은 홀이 뒤집힌다. 붉은 토끼가 뛰어나오고, 흰 고양이가 튀어 오른다. 삼각형이 점점 늘어난다. 늘어난 심통이 다이아몬드로 반짝인다. 뾰족한 그가 둥글게 말리고 보름달이 뜬다.

—「詩, 블랙홀에 빠지다-들꽃요양원·33」 전문

이번 시집의 이해에 있어 중요한 시적 상징어로 '바람, 거울, 엘리베이터' 등을 생각해 볼 수 있다. 특히 '거울과 엘리베이터'는 '들꽃요양원' 연작에 있어서 그 중요성이 더욱 크다고 할 수 있다.

일반적으로 거울은 반사면과 이면, 즉 반사를 가능하게 하기 위해 숨겨진 배면이 필요하다. 시각적으로 우리는 거울을 통해 현재의 '나'를 보지만, 대부분의 경우에는 이면을 본다. 즉 잃어버린 나, 혹은 과거의 나, 또는 지워진 나를 찾으려고 애쓴다. 즉, 현상에 대한 자각이나 배면에 숨겨진 원인에 대한 탐색보다는 결핍에 집중한다는 것이다. 어쩌면 이는 라깡이 말하는 상상계의 원리와 같을 지도 모른다. 따라서 그들이 '아에이오우'(「실어증에 걸린 남자-들꽃요양원·30」) 의미가 형성되지 않는 모음의 세계에 머무는 것이나, 상징계로 진입했다 해도 결국 "기억의 시간을 거슬러 책 속의 내용을 낚아 올린 그는 먼 행성의 이야기를 속살거리네.

다시는 돌아갈 수 없는 그의 기억이 달빛에 스며드네. 그 시절이 그리운 그는 그의 행성이 가까이 올 때만을 기다"(「책속으로 간 남자-들꽃요양원·40」)리는 것으로 결핍을 상쇄하려 하는 것이다.

마찬가지로 엘리베이터는 수직적 상승과 하강이 자유롭다는 점에서 시간과 공간의 제약에서 자유롭고자 하는 '앨리스 증후군'의 성향과 일맥상통하는 면이 있다. 결국 집착이란 결핍의 표지임을 처연하게 드러내고 있는 것이다.

그러나 시인은 이 연작을 통해 무엇을 말하고자 했는지는 아직 명확하지 않다. 다만 앞의 인용 작품을 통해 본다면, "거울에 있는 얼굴이 붉다 엘리베이터는 고장이다"라는 구절에서 환각적 회피가 불가능한 현실에 직면한 화자의 곤란을 직감할 수 있다. 곧이어 시적 화자는 '얼굴이 파리해'짐을 느끼고 "가는 길은 가도 가도 토끼 굴, 가도 가도 블랙홀이"이라고 탄식한다. 째깍대는 시간과 블랙홀이 놓인 길과 자꾸 빠지게 되는 토끼굴이 시적 화자의 현실이다. 그런데 차라리 뛰어들고 나면 "검은 홀이 뒤집힌다". 아마도 이것, 즉 블랙홀이 뒤집히는 놀라운 창조적 순간이 '들꽃요양원'의 매 순간에 잠복해 있음을 시인이 애써 관찰자의 태도를 견지하며 시적 형상화를 통해 보여주고자 했던 것이 아니었을까, 아니 그보다 깊은 속내가 더 있을지도 모른다.

3.

정치산 시인의 이번 시집은 '들꽃요양원' 연작과 '바람난 치악산' 연작의 두 축으로 구성되었다. '들꽃요양원'에서 보인 지극히 건조한 보고적 기술과는 달리 '바람난 치악산' 연작은 훨씬 더 정서적인 어휘와 서정적 질감으로 구축되어 있다. 서정시다운 면모가 여실히 드러난다.

> 당신의 한숨으로 벚꽃이 흩날리고 앵두꽃 화르르 흩어지네요. '연분홍 치마가 봄바람에~' 낭창낭창한 소리 따라 연분홍꽃바람 흔들리다 흩어지네요. 흩어지는 꽃송이 바라보며 덥다, 덥다, 방문만 열어젖히지요. 당신은, 저녁놀에 붉게 물드는 가슴을 꼭꼭 여미며 흔들리고 있는 당신의 한숨을 훔쳐 듣고 말았지요. 홀로 흐느끼는 속울음도, 사월의 바람 속에서 속으로 속으로만 폭발하는 당신의 휴화산을 훔쳐보고 말았네요. 어머니,
>
> —「사월의 치악에서-바람난 치악산·4」 전문

시인이 인칭대명사가 아닌 호칭으로 시적 대상을 호명을 유일한 작품이다. "속으로 속으로만 폭발하는 당신의 휴화산"을 훔쳐본 한 존재의 환절기가 어떻게 시작되었는지를 짐작해 볼 수 있는 작품이다. 더불어 '어머니'라는 근원적 존재에 대한 애틋한 호명을 통해 시인이 바라는 세계가 '그리움'을 온전히 그립다고 말할 수 있는 세계여야 한다는 전언으로 들린다.

주지의 사실이지만 '플라시보'는 유효성분은 없고 심리적 효과만 있는 가짜약'을 일반적으로 의미한다. 그러나 시 자체가 플라시보 효과를 겨냥한다는 의미가 아니다. 모든 시는 한 증상에 정확하게 처방되었을 때 진정한 능력을 드러내게 된다. 실제 이 시집의 1부와 4부의 작품들도 대부분 소통부재, 나아가 자기만의 가상적 세계에 몰입하는 '현실' 또는 '세태'라는 이름의 또 다른, 아니라면 더 넓은 '들꽃요양원'의 실상을 그리는 비판적 정신에 의해 제작되고 있다. 시어의 활달한 운용에 의한 경쾌함은 어쩌면 시인의 고도의 위장술인지도 모른다.

그러나 이 시집을 자꾸 긍정적인 측면에서 읽게 하는 것은 무엇보다도 '바람'의 강한 상징성 때문이다. '바람'이 '풍風'과 '희希'라는 이중적 의미를 거느린다는 것 말고도 바람은 그 자체로 범속의 '수평적' 생활에서 벗어나 '수직화'시키는 몽상을 통해 우리를 자유롭게 하는 원소 중의 하나라는 점을 고려할 때, 정치산 시인에게 바람은 위기의 근원이자 성취의 첫 표지일 수밖에 없다. 무엇을 향한, 물론 시적 지향과 성취를 향한 열정이 담보되어야 할 것이다.